最新法律文件解读丛书

民事法律文件解读

MINSHI FALÜ WENJIAN JIEDU

人民法院出版社 编

总第240辑 2024.12

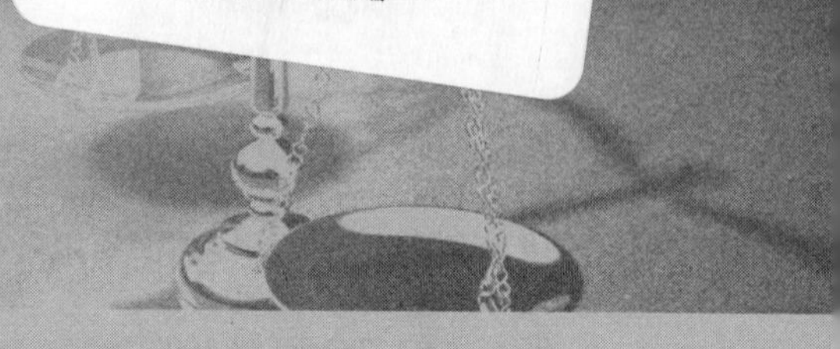

人民法院出版社

图书在版编目（CIP）数据

民事法律文件解读. 总第240辑 / 人民法院出版社编. 北京 : 人民法院出版社, 2025. 1. -- (最新法律文件解读丛书). -- ISBN 978-7-5109-4395-9

Ⅰ. D923.05；D925.105

中国国家版本馆CIP数据核字第2025NB2423号

民事法律文件解读·总第 240 辑

人民法院出版社　编

责任编辑　杨　洁
出版发行　人民法院出版社
地　　址　北京市东城区东交民巷 27 号　邮编　100745
电　　话　(010)67550656(责任编辑)　67550558(发行部查询)
　　　　　　65223677(读者服务部)
客服 QQ　2092078039
网　　址　http://www.courtbook.com.cn
E - mail　courtbook@sina.com
印　　刷　三河市国英印务有限公司
经　　销　新华书店
开　　本　787 毫米×1092 毫米　1/16
字　　数　115 千字
印　　张　8
版　　次　2025 年 1 月第 1 版　　2025 年 1 月第 1 次印刷
书　　号　ISBN 978-7-5109-4395-9
定　　价　28.00 元

卷首语

2024年10月31日，民政部等24部门印发《关于进一步促进养老服务消费提升老年人生活品质的若干措施》（以下简称《若干措施》），对养老服务消费工作作出全面系统安排。出台《若干措施》是深入学习贯彻习近平总书记关于养老服务的重要论述，贯彻落实党的二十大和二十届二中、三中全会部署，推动养老事业和养老产业协同发展的重要举措，主要目的是通过加大和优化高质量养老服务供给，更好满足老年群体养老服务消费需求，努力让老年人的获得感、幸福感、安全感更加充实、更有保障、更可持续。本辑收录了《若干措施》及其解读文章，便于司法实践中更加全面地理解和准确适用。

为进一步统一海事审判裁判规则，提升中国海事审判国际影响力，2024年11月25日，最高人民法院发布第41批指导性案例（指导性案例230—236号）。该批指导性案例聚焦实际托运人责任、承运人提单批注、海难救助费用支付、海事赔偿责任限额的确定、涉外船舶碰撞案件法律适用以及互惠原则的适用等方面，关系航运、贸易、港口建设等领域，集中解决海事审判实践中的法律适用争议，通过效力较高的司法成果更好服务保障国家海洋强国建设。本辑收录了该批指导案例及其理解与参照，有助于同类案件的法律适用和裁判标准的统一。

此外，本辑在“新类型疑难案例选评”栏目，收录了《卢某、夏某与韩某、谭某抵押权纠纷案》一文。该案的裁判表明：受让人受让不动产或者动产时，不知道转让人无处分权，并有重大过失的，不应当一概认定受让人为非善意。该重大过失与不知道之间没有因果关系的，仍应认定受让人为善意；反之，则应认定受让人为非善意。该案的裁判思路可供审理类似案件时参考。

最新法律文件解读丛书
编 辑 部

兰丽专　（010）67550626

丁丽娜　（010）67550608

周　敏　（010）67550562

杨　洁　（010）67550656

路建华　（010）67550682

丁塞峨　（010）67550656

投稿邮箱：

《刑事法律文件解读》　xingshijiedu@ 163. com

《民事法律文件解读》　1216921515@ qq. com

《商事法律文件解读》　shangshijiedu@ 126. com

《行政与执行法律文件解读》　1290312696@ qq. com

目录

司法解释、司法指导性文件与解读

部门规章、规章性文件与解读

指导案例、典型案例与解读

法答网精选答问

新类型疑难案例选评

司法解释、司法指导性文件与解读

最高人民法院
关于《中华人民共和国公司法》第八十八条第一款不溯及适用的批复

法释〔2024〕15号

（2024年12月24日最高人民法院审判委员会第1939次会议通过
2024年12月24日最高人民法院公告公布
自2024年12月24日起施行）

河南省高级人民法院：

你院《关于公司法第八十八条第一款是否溯及适用的请示》收悉。经研究，批复如下：

2024年7月1日起施行的《中华人民共和国公司法》第八十八条第一款仅适用于2024年7月1日之后发生的未届出资期限的股权转让行为。对于2024年7月1日之前股东未届出资期限转让股权引发的出资责任纠纷，人民法院应当根据原公司法等有关法律的规定精神公平公正处理。

本批复公布施行后，最高人民法院以前发布的司法解释与本批复规定不一致的，不再适用。

最高人民检察院　中华全国归国华侨联合会

关于加强新时代涉侨检察工作的意见

（2024年11月7日）

为深入贯彻党的二十大及二十届二中、三中全会精神，全面贯彻习近平法治思想，深入落实习近平总书记关于侨务工作的重要论述，依法维护归侨侨眷合法权益和海外侨胞正当权益，广泛凝聚归侨侨眷和海外侨胞团结奋斗的磅礴力量，以中国式现代化全面推进中华民族伟大复兴，现就加强新时代涉侨检察工作提出如下意见。

一、充分认识加强新时代涉侨检察工作的重要意义

1. 归侨侨眷和海外侨胞，是建设中国特色社会主义、推进祖国和平统一、实现中华民族伟大复兴中国梦的重要力量。党的二十大报告指出，“加强和改进侨务工作，形成共同致力民族复兴的强大力量”。党的二十届三中全会对完善侨务工作机制作出了部署。检察机关作为国家法律监督机关，侨联组织作为党和政府联系广大归侨侨眷和海外侨胞的桥梁和纽带，要切实增强责任感和使命感，认真贯彻落实《中华人民共和国归侨侨眷权益保护法》和涉侨政策法规，依法维护归侨侨眷合法权益和海外侨胞正当权益，凝聚侨心侨力，为全面建设社会主义现代化国家贡献力量。

2. 进入新时代，我国经济已由高速增长阶段转向高质量发展阶段，改革开放全方位推进，民主法治建设不断取得新成就，广大侨胞在民主、法治、公平、正义、安全、环境等方面也提出新需求、新期待。各级人民检察院、侨联组织要努力应对新形势、新任务，协同做好涉侨法律法规政策的贯彻落实工作，着力帮助侨界群众解决急难愁盼问题，不断实现好、维护好、发展好归侨侨眷合法权益和海外侨胞正当权益。

二、全面履行检察职能，不断提升依法维护侨益水平

3. 各级人民检察院要牢固树立“以人为本、为侨服务”的理念，坚持“高质效办好每一个案件”的基本价值追求，充分发挥检察机关刑事、民事、行政、公益诉讼“四大检察”法律监督职能作用，依法保障归侨侨眷合法权益和海外侨胞正当权益。

4. 充分履行审查逮捕、审查起诉职能，依法惩治各类侵害归侨侨眷和海外侨胞人身和财产权利的犯罪。对归侨侨眷和海外侨胞在境外的正当权益，依法给予保护和关注。对于行为人在境外对归侨侨眷和海外侨胞实施犯罪的，依照刑法规定追究有关刑事责任。

5. 依法开展涉侨刑事案件诉讼监督工作。充分发挥侦查监督与协作配合机制作用，依法开展涉侨案件立案监督和侦查活动监督工作。及时发现和纠正立案、侦查等环节违法情形。探索建立办理重大涉侨犯罪案件提前介入工作机制，不断提升指控、证明犯罪的能力和水平。综合运用抗诉、检察建议等监督手段，及时纠正涉侨案件裁判错误、审判程序严重违法等问题。

6. 精准开展涉侨民事检察监督和行政检察监督。通过抗诉、检察建议等监督方式，依法及时妥善办理涉华侨祖墓、侨房拆迁、土地征收等民事、行政检察监督案件。积极开展检察听证，通过释法说理，引导当事人和解，实质性化解矛盾纠纷，努力实现案结事了，政通人和。

7. 充分发挥公益诉讼检察职能。妥善办理涉及华侨慈善公益捐赠

款物管理使用安全和华侨医院、华侨学校公共卫生安全、公民个人信息和数据安全、涉侨进出口商品质量安全和地理标志产品等领域公益诉讼案件。强化对涉侨文物和文化遗产特别是侨乡革命文物、传统村落、历史风貌建筑和中国列入联合国教科文组织人类非物质文化遗产代表作名录项目的司法保护，切实守护好凝聚海内外中华儿女的文化纽带。

8. 会同职能部门加强校园安全建设及校园周边环境整治，依法严惩各类侵犯侨界未成年人合法权益犯罪活动。对侨界留守儿童较多的地区，检察机关、侨联组织要加强协作配合，积极协调共青团、妇联、民政、教育等相关单位建立广泛合作，依托检察履职办案，及时掌握留守儿童就学、监护等情况，对事实无人抚养的困境儿童等提供救助和保护。共同开展心理咨询、亲情联络、扶贫助学等活动，形成未成年人全面综合保护格局。

三、依法平等保护涉侨企业合法权益，营造法治化营商环境

9. 落实服务民营经济法律政策，积极开展检察护企专项行动。依法惩治侵害涉侨企业和企业家利益犯罪。办理涉侨企业刑事案件时，要准确把握罪与非罪、违法与犯罪界限，防止和纠正利用刑事手段干预经济纠纷。对涉嫌生产经营活动犯罪的涉侨企业及其负责人依法适用认罪认罚从宽制度，严格落实宽严相济刑事政策。各级侨联组织要积极作为，配合检察机关共同为涉侨经济高质量发展创造稳定、透明、规范、可预期的法治环境。

10. 加强涉侨知识产权司法保护，依法惩治侵犯涉侨企业商标权、商号、专利权、著作权、商业秘密等知识产权犯罪。强化对涉侨企业科技创新领域各类刑事、民事、行政案件的诉讼监督，切实保护创新成果，为创新型涉侨企业和侨创人才营造良好的发展环境。

四、发挥检侨合作优势，提供更加优质高效的法律服务

11. 认真落实党的侨务政策，充分发挥侨联组织在联系服务归侨侨眷和海外侨胞、发挥民间力量参与解决纠纷、推进多层次多领域依法治理等方面独特优势，完善检侨合作常态化联络机制，细化实化惠侨制度安排和服务措施，为广大侨胞提供更加优质高效的法律服务。

12. 推进完善涉侨司法服务体系。涉侨案件较多地区的检察机关可以探索组建专业化办案团队，在侨联组织、归侨侨眷集中的社区，重点涉侨企业以及侨商投资区、创业园、创业基地等探索建立专门涉侨人员接待窗口、联络站、工作室，集中协调解决难点问题和重大涉侨纠纷。

13. 坚持和发展新时代“枫桥经验”，将化解涉侨矛盾纠纷融入社会治理。高度重视和妥善处理涉侨信访申诉案件。充分利用“12309 检察服务热线”和“12309 中国检察网”，借助海外侨团和海外联络员纽带作用，为侨胞、涉侨企业法律咨询、控告、申诉等提供服务与保障。检察机关与侨联组织推动建立涉法涉诉信访信息互联互通机制，加强涉侨案件公开听证工作，促进矛盾纠纷多元化解。

14. 提升涉侨司法救助质效。开辟涉侨司法救助“绿色通道”，落实“应救助尽救助”，及时提供司法救助。建立健全检察机关与侨联组织沟通协作机制，共同开展救助后回访，逐步建立救助效果联合评估机制。推动司法救助与涉侨帮扶措施衔接融合，积极协调有关部门落实多元救助措施，切实保障困难当事人基本生活。

15. 加强涉侨普法宣传工作。办理涉侨案件要落实检察官以案释法制度，强化法律文书说理，运用检察听证等开展普法。联合开展侨界普法讲座、法治进企业进社区、检察开放日等活动，发布涉侨权益保护典型案例，广泛宣介以宪法为核心的中国特色社会主义法律体系，加强涉侨法律法规宣传阐释，推动侨界形成办事依法、遇事找法、解决问题用法、化解矛盾靠法的法治环境，引导广大侨胞讲好中国法治故事。

五、加强组织保障，提升涉侨工作联动协同能力

16. 始终坚持党的绝对领导。对于在涉侨政策执行、案件办理、司法服务保障工作中遇到的问题，要严格落实重大事项请示报告制度，主动向党委和上级检察机关请示报告，争取支持。各级人民检察院、侨联组织要在党委领导下，健全完善与监察机关、公安机关、人民法院、行政执法部门的协作配合机制，推动涉侨案件依法妥善办理。

17. 强化检侨合作机制。各级人民检察院和侨联组织要建立健全检侨联席会议制度，每年至少召开一次会议，定期专题研究涉侨检察工作。探索构建检侨信息共享、交流合作、联合调研、同堂培训等工作机制，共同分析研判维护侨益工作中出现的新情况、新问题，研究专项打击、防范对策和措施，实现资源共享、业务协同。

18. 推动侨界力量参与。各级人民检察院、侨联组织共同加强与人大归侨代表、政协侨联界委员、侨界代表人士、专家学者等沟通联络，广泛听取各方意见。探索完善具有涉侨身份的人民监督员、专家咨询委员的选任和管理机制，邀请侨界代表委员参加考察调研、公开听证、专家论证等活动。

19. 深化学术研究。积极加强与高等院校、科研机构等合作，支持在国家检察官学院等具备一定相关研究优势和条件的高校、科研院所设立侨益司法保护研究基地，开展对涉侨法律法规、法律援助、案件办理等方面的研究，共同为检侨合作提供理论支撑和制度保障。

20. 加强组织领导。紧紧依靠党委领导和政府支持，探索建立政府购买服务、“以案定补”机制，提升检侨合作工作保障水平。及时总结本地区工作取得的成熟经验，提出立法建议，积极推动出台相关地方性法规、规章。涉及司法检察制度、重大法律适用问题以及侨界反映的重大诉求，要及时层报最高人民检察院和中国侨联。

加强新时代涉侨检察工作
依法保护归侨侨眷和海外侨胞合法权益

——最高人民检察院、中华全国归国华侨联合会有关部门负责人就《最高人民检察院中华全国归国华侨联合会关于加强新时代涉侨检察工作的意见》及《检察机关依法保护侨胞合法权益典型案例》答记者问

为深入贯彻落实党中央决策部署，认真履行维护侨益职责，积极回应侨胞需求和司法实践需要，最高人民检察院与中华全国归国华侨联合会立足“大侨务”观，在依法履行各自职能的基础上，建立常态化沟通联系机制，持续加强对地方检侨合作业务指导，围绕涉侨权益保护深入调研、会商，并征求相关部门意见，于2024年11月，联合出台《最高人民检察院、中华全国归国华侨联合会关于加强新时代涉侨检察工作的意见》（以下简称《意见》），发布依法保护侨胞合法权益典型案例。最高人民检察院普通犯罪检察厅、中华全国归国华侨联合会权益保障部有关负责人就相关问题回答了记者提问。

问：随着我国经济实力增强、国际影响力的提升，广大侨胞与祖（籍）国和家乡联系更广泛、来往更密切、合作交流更频繁，共享祖（籍）国和家乡改革发展成果的新需求、新诉求更加多样化。请简要介绍一下《意见》主要内容，特别是在构建检侨常态化联络机制方面的创新探索？

答：近年来，在最高人民检察院和中华全国归国华侨联合会的共同指导下，江西、浙江、福建等17个省（自治区、直辖市）检察机关与同级侨联联合发文，就依法履行检察职能，维护侨胞合法权益作出规范。此次《意见》出台，就是在充分吸收、借鉴各地检侨合作创新探索基础上，研究提出更具普适意义、更加针对务实的机制体系。《意见》主要包括五部分。一是充分认识加强新时代涉侨检察工作的重要意义。加强新时代涉侨检察工作是检察机关依法履行法律监督职责、落实党中央决策部署的职责所在，是铸牢中华民族共同体意识、增强中华民族凝聚力、推进中国式现代化的政治要求，是主动服务大局、保障民生，进一步推进国家治理体系和治理能力现代化的具体举措。二是全面履行检察职能，不断提升依法维护侨益水平。《意见》强调，各级人民检察院要牢固树立"以人为本、为侨服务"的理念，坚持"高质效办好每一个案件"的基本价值追求，充分发挥检察机关刑事、民事、行政、公益诉讼"四大检察"法律监督职能作用，依法保障归侨侨眷合法权益和海外侨胞正当权益。三是依法平等保护涉侨企业合法权益，营造法治化营商环境。强化对涉侨企业各类刑事、民事、行政案件的诉讼监督，依法惩治侵害涉侨企业和企业家利益犯罪。四是就发挥检侨合作优势，提供更加优质高效的法律服务提出具体措施。五是对加强组织保障，提升涉侨工作联动协同能力提出具体工作要求。

《意见》在检侨常态化联络机制方面有以下创新：一是完善涉侨司法服务体系。《意见》明确，在侨联组织、归侨侨眷集中的社区，重点涉侨企业以及侨商投资区、创业园、创业基地等探索建立专门涉侨人员接待窗口、联络站、工作室，集中协调解决难点问题和重大涉侨纠纷。二是建立涉诉信访信息互联互通机制。《意见》强调，充分利用“12309检察服务热线”和“12309中国检察网”的作用，借助海外侨团和海外联络员纽带作用，为侨胞侨企法律咨询、控告、申诉等提供保障。加强涉侨案件公开听证工作，促进矛盾纠纷多元化解。三是落实涉侨司法救助机制。《意见》要求检察机关要与侨联组织积极推动司法救助与涉侨帮扶措施的衔接融合，组织开展跟踪、回访，动态了解司法救助的情况，协调有关部门落实多元救助措施，切实保障困难当事人的基本生活。四是加强涉侨普法宣传工作。《意见》规定，要加强与侨商会、侨联法顾委、华侨公益基金会等的沟通联络，积极开展侨界普法讲座、法治进侨企进社区、检察开放日等活动。五是畅通检侨联系渠道。《意见》明确检察机关和侨联组织要普遍建立健全检侨联席会议制度，探索构建检侨信息共享、交流合作、联合调研、同堂培训等工作机制。共同加强与人大归侨代表、政协侨联界委员、专家学者等方面联络，广泛听取有关意见建议。邀请侨界代表委员参加考察调研、公开听证、专家论证等活动。探索设立侨益司法保护研究基地，开展对涉侨法律法规、法律援助、案件办理等方面研究，为检侨合作提供理论支撑和制度保障。

问：据了解，检侨合作发端于浙江、广东、福建等传统侨乡，近年来已在全国铺开，获得侨界广泛好评，实现政治效果、法律效果、社会效果的有机统一。此次《意见》出台，对于进一步深化检侨合作有哪些重要意义？

答：检侨合作，是在充分发挥检察机关刑事、民事、行政、公益诉讼“四大检察”职能及各级侨联组织在联系服务侨胞、发挥民间力量参与解纷等优势的基础上创立的维护侨胞合法权益的新模式。这项创新工作，是最高人民检察院、中华全国归国华侨联合会全面贯彻落实党的二十大和二十届二中、三中全会精神，贯彻落实习近平法治思想、习近平总书记对侨务工作的重要论述，服务党和国家发展大局，切实为侨界群众解决急难愁盼问题的创新举措。

这项创新工作坚持综合治理，依法平等保障归侨侨眷和海外侨胞合法权益。归侨侨眷和海外侨胞，是建设中国特色社会主义、推进祖国和平统一、实现中华民族伟大复兴中国梦的重要力量。最高人民检察院与中华全国归国华侨联合会联合印发《意见》，完善检侨合作常态化联络机制，细化实化惠侨制度和服务措施，是深化维护侨益工作的一项重要举措。《意见》的实施将进一步提高为侨公共服务能力，使归侨侨眷和海外侨胞在受到平等保护的前提下，享受到更加高效、便捷、多样化的司法服务。

这项创新工作坚持法治保障，不断提升我国司法公信力、影响力。涉侨检察工作具有其特殊性和复杂性，需面对国内和国外影响互相叠加等复杂因素。因此，通过最高人民检察院、中华全国归国华侨联合会联合出台《意见》，完善依法维护侨益的顶层设计，从依法保障归侨侨眷和海外侨胞合法权益，加强对涉侨企业的平等保护、营造法治化营商环境等方面进行了积极探索，必将进一步提高我国涉侨矛盾的化解能力，提升我国司法公信力、影响力。此外，通过检侨合作机制，广泛宣传以宪法为核心的中国特色社会主义法律体系，进一步提升归侨侨眷和海外侨胞对国家法律法规的知晓度、法治精神的认同度、法治实践的参与度，营造侨界办事依法、遇事找法、解决问题用法、化解矛盾靠法的法治环境，用心讲好中国法治故事、传播中国法治好声音。

这项创新工作坚持服务大局，进一步推进国家治理体系和治理能力现代化。加强新时代涉侨检察工作既是检察机关完善检察制度、运用法治思维和法治方式化解矛盾、推动发展的重要尝试，也是侨联发挥人民团体作用，深入贯彻习近平法治思想，代表侨界群众利益积极参与社会治理，坚持和发展新时代“枫桥经验”的创新做法。《意见》的出台正面回应了侨界关切，厘清了涉侨检察工作中的关键问题，完善了社会矛盾纠纷多元预防调处化解机制，为快、准、稳办理涉侨案件、提升涉侨案件办理质效提供了有效保障。

问：《意见》是对近年来检察机关开展为侨服务的总结和提升，能否具体介绍一下各地检察机关在涉侨权益保护方面好的做法和成功经验？

答：近年来，各级检察机关与侨联组织积极联动、加强合作，通过联合出台服务保障华侨华人合法权益合作协议、工作意见，建立“检侨联络站”等形式，不断拓展检侨合作、为侨服务的深度和广度。从工作调研和沟通情况中了解到，检侨合作在全国范围内已得到越来越多地方党委、政府的支持，也得到海内外侨胞广泛好评、肯定。

在完善司法办案机制，依法妥善处理涉侨案件方面。抽调刑事、民行、控申部门优秀检察官，组建专业办案团队，集中处理涉侨司法诉求。充分发挥捕诉一体办案优势，对重点涉侨案件依法提前介入引导侦查，确保案件依法稳妥高质高效办理。推行涉侨案件简案快办。广东省江门市新会区人民检察院在12309检察服务中心设立涉侨案件“来信、来访、电话、网络”四位一体的“绿色通道”，坚持“快速受理、集中处理、审慎办理”。探索涉侨案件智能办理。借助“检侨之家”等远程视频平台，在保证案件证据效力的前提下，开展跨洋调解、跨境询问、视频举报和申诉等，实现案件实时线上办理，方便海外侨胞参与诉讼。做好涉外刑事和解工作。充分发挥侨界乡贤、和事佬、中间人作用，开展释法说理，合理化解矛盾纠纷，逐步探索出一条具有侨乡特色的刑事和解工作机制，创新实践新时代“枫桥经验”。

在搭建合作平台，构建“检侨”联动格局方面。江西省致力打造建立“检侨驿站”“检侨同心室”“检侨工作站”等80余家，还建立“12309绿色通道”“涉侨检察官工作室”等平台，进一步畅通维护侨益的有效通道。浙江省温州市人民检察院在市侨联设立“检侨驿站”，帮助温籍华侨华人防范和化解法律风险尤其是刑事风险，帮助归侨侨眷和海归人员解决投资经营法律问题。

在健全服务机制，体现“亲侨”司法温度温情方面。一是创新服务形式。贵州省兴义市检察院适应中国—东盟自贸试验区快速发展，依托兴义市归侨侨眷联合会“侨胞之家”设立“检侨驿站”，为侨资侨属企业、归侨侨眷和海外侨胞提供更加精准化、精细化、全方位、多渠道的司法服务。加强互动联系。各地检察机关尤其是侨眷侨胞人数较多的汕头、潮州、江门、茂名等地检察机关，主动向侨胞侨眷书面通报检察机关工作情况，邀请侨联干部和辖区侨界群众到检察机关，举办“座谈会”和“检察开放日”，加深侨胞对检察工作的认识了解和认同。二是开展普法宣传。重庆市人民检察院联合侨联、法院、知识产权局等部门开展“法护发展 侨助创新”主题宣传活动暨送法进千家侨企活动，为60余家重点侨企“传经送宝”。江苏省人民检察院与省侨联共同举办“精准普法进侨企”活动，为江苏省侨商总会会员单位提供普法维权服务，助推企业强化风险管控。三是关爱未成年侨眷。浙江省文成县人民检察院成立全国首个民法典海外普法讲师团，以直播形式为意大利罗马中华语言学校华侨青少年和文成县振中学校新生同步开展普法教育。

问：我们注意到，伴随《意见》的制定出台，最高人民检察院还印发了依法保护侨胞合法权益典型案例，能否详细介绍一下这批典型案例的情况？

答：这次发布的5件典型案例，系最高人民检察院首次以维护侨胞权益为主题发布的典型案例，涵盖未成年人保护、企业合法权益保障、文物保护等侨界所关心关注的重点工作。主要有以下四方面特点。

一是展现检察机关创新涉侨案件办理新举措。一些地方检察机关组建专门办案组，对涉侨案件实行专班办理，并注意总结分析涉侨案件办理中的难点问题，不断提升专业化水平。开通涉侨案件办理绿色通道，搭建线上平台远程办理业务，在依法依规的前提下为海外华侨提供跨境询问、跨洋调解、法律咨询等服务。例如，在案例一陈某某、李某某等人敲诈勒索、寻衅滋事案中，被害人戴某某、陈某丙系留守儿童，父母长年在国外务工，家庭教育管护缺失。检察机关聘请专业的家庭教育指导师，通过远程视频连线对被害人父母开展跨国家庭教育指导，帮助被害人修复心理创伤。在案例二陈某合同诈骗案中，多名被害人案发时身居海外，不能及时回国报案、接受询问。检察机关依托远程询问系统，对被害人开展跨洋询问取证，全面查明被骗过程和被告人实际经济状况、合同履行能力、所获钱款去向等，最终查明全部案件事实，依法认定被告人陈某具有非法占有目的，涉嫌合同诈骗罪，从而在实体上确保实现公平正义，程序上让公平正义更好更快实现。

二是展现检察机关通过听证审查、检察建议等方式综合履职的新成效。本次发布的典型案例中有多个案例组织了公开听证。检察机关在办理这些案件过程中，通过组织公开听证，就事实认定、法律适用、案件处理等问题充分听取各方意见，自觉接受监督，对案件当事人开展释法说理、矛盾化解等工作，以实现办案“三个效果”有机统一。例如，在案例五广东省江门市江海区人民检察院督促整治“侨梦苑”产业园区违规建设安全隐患行政公益诉讼案中，检察机关组织公开听证会，邀请听证员和人大代表到违建企业现场查看光伏违建及安全隐患情况，与会各方就整治光伏发电项目违建问题达成共识。检察机关在办理案件中发现社会治理方面存在问题的，可以向有关单位和部门提出改进工作、完善治理的检察建议。在案例二陈某合同诈骗案中，针对办案中发现的当地房地产中介管理漏洞问题，检察机关向当地住建部门制发检察建议，住建部门收到建议后高度重视，除对涉案房屋中介机构进行约谈并责令其限期整改外，还对辖区内的房屋中介机构开展保障性住房交易专项检查，组织学习相关房地产经纪规定，提升房屋中介人员依法执业意识，有效促进当地房地产交易市场规范有序发展。

三是展现检察机关开展“检察护企”专项行动，依法平等保护涉侨企业的新进展。当前，伴随我国营商环境不断优化和招商引资力度不断加大，大批海外华侨归国投资兴办企业，为国内经济建设和发展作出积极贡献。实践中，有的涉侨企业对我国相关法律法规和营商政策了解不够、理解不到位，导致在生产经营中存在违反有关法规行为，对此要依法妥善处理。例如，在案例五广东省江门市江海区人民检察院督促整治“侨梦苑”产业园区违规建设安全隐患行政公益诉讼案中，华侨创业产业园区内部分侨资企业因不了解国内安全生产有关规定，在租赁的厂房楼顶违规铺设光伏组件、楼顶四周违规改建为生产经营场地、办公场所、货物仓库、公寓等，造成严重消防安全隐患。检察机关立足公益诉讼检察职能，积极发挥与侨联共建的“检+侨”协作机制和“检侨联络办公室”作用，有效防范化解侨企生产经营中的重大安全风险，保障人民群众生命财产安全。在案例三陈某、孔某某、某生物技术公司侵犯商业秘密案中，被害单位某核酸技术有限公司系从事新药研发的侨资企业，其开发的“小核酸药物高通量筛选QC标准”在运行过程中被公司员工泄露并私自使用。办案中，检察机关提前介入，全面准确认定商业秘密及侵权主体，帮助侨企及时挽回损失。此外，各地还深化检侨联动机制，通过风险提示、法治讲座、政策宣传等形式，共同为涉侨经济高质量发展创造稳定、透明、规范、可预期的法治化营商环境。

四是展现检察机关协同各方力量共同保护涉侨文物的新探索。涉侨文物是团结凝聚广大侨胞共享中国梦的文化纽带，有时因文物保护级别低，产权主体多身居海外、产权复杂等情况，仅靠行政机关和所有人难以解决及时管理维护问题。检察机关依法履行行政公益诉讼检察职责，将文化遗产保护和侨胞侨眷权益保护有机结合，开展公益诉讼专项活动，综合运用磋商沟通、公开听证、检察建议等方式督促行政机关依法履职，探索破解涉侨文物管理维护困难的有效途径，实现了从个案监督到类案监督、从重点保护向全面保护、从抢救性保护到预防性保护的转变，营造涉侨文物和文化遗产保护共建共治共享的良好局面，为凝聚海内外中华儿女“根、魂、梦”意识奠定坚实基础，“望得见山、看得见水、记得住乡愁”的美好愿景正变为现实。案例四福建省晋江市人民检察院督促保护涉侨风貌建筑行政公益诉讼案正是这方面的有益探索。

问：检侨合作在依法维护侨益方面有哪些优势？

答：侨联作为党和政府联系广大归侨侨眷和海外侨胞的桥梁和纽带，始终落实好党的侨务政策，将依法维护好广大侨胞合法权益作为重要职责之一。检察机关以法律监督为本，具有刑事、民事、行政、公益诉讼“四大检察”职能，对维护侨益有着至关重要的作用。《意见》在总的指导思想上提出，要全面贯彻落实习近平法治思想，切实做好涉侨法律法规政策的落实工作，牢固树立“以人为本、为侨服务”的理念，充分发挥检察机关和侨联组织各自优势，依法平等保护归侨侨眷和海外侨胞合法权益。在具体工作上，要求严厉打击危害归侨侨眷和海外侨胞人身和财产安全的严重暴力犯罪及盗窃、抢夺、诈骗等常见多发犯罪，精准开展涉侨民事诉讼监督和行政检察监督，高度重视和妥善处理涉侨信访申诉案件，主动做好检察法律文书说理、以案释法工作，努力把法理、情理、事理说清说透，实现案结事了人和政和。新冠疫情期间，侨企侨胞依法维权面临诸多不便，浙江、广东等地的侨联组织和检察机关通过合作平台开展发布海外侨胞回国法律注意事项、筹集防疫物资等工作，为助力国内打赢防疫战、稳定海内外侨心发挥了积极作用，实现了“1+1>2”的综合效果。近年来，为回应侨界期待，地方检侨合作更加密切，迈出务实步伐。相信《意见》出台之后，在最高人民检察院和中华全国归国华侨联合会的共同指导之下，各地检察机关和侨联组织将因地制宜，积极推动相关工作机制，打造属于自己的检侨合作工作品牌，推动维护归侨侨眷和海外侨胞的合法权益工作再上新台阶。

（来源：最高人民检察院网站）

部门规章、规章性文件与解读

民政部　商务部　中央网信办等24部门

关于印发《关于进一步促进养老服务消费提升老年人生活品质的若干措施》的通知

2024年10月31日　　　　　　　　　　民发〔2024〕52号

各省、自治区、直辖市民政厅（局）、商务厅（局、委）、党委网信办、发展改革委、工业和信息化主管部门、公安厅（局）、财政厅（局）、人力资源社会保障厅（局）、自然资源主管部门、住房城乡建设厅（局、委）、交通运输厅（局）、农业农村（农牧）厅（局、委）、文化和旅游厅（局）、卫生健康委、人民银行、国资委、市场监管局、广播电视局、体育行政部门、医保局、邮政局、中医药局、消防救援局，各金融监管局，新疆生产建设兵团民政局、商务局、党委网信办、发展改革委、工业和信息化局、公安局、财政局、人力资源社会保障局、自然资源局、住房城乡建设局、交通运输局、农业农村局、文化体育广电和旅游局、卫生健康委、国资委、市场监管局、医保局、邮政局、消防救援局：

现将《关于进一步促进养老服务消费 提升老年人生活品质的若干措施》印发给你们，请认真贯彻执行。

关于进一步促进养老服务消费提升老年人生活品质的若干措施

为贯彻落实党的二十大和二十届二中、三中全会精神，实施积极应对人口老龄化国家战略，落实促进服务消费高质量发展部署要求，进一步推动养老服务高质量发展，挖掘养老服务消费潜力，更好满足老年人服务需求，提升老年人生活品质，现提出以下措施。

一、促进养老服务供需适配

（一）积极发展居家养老服务。聚焦老年人居家养老需求，全面推进智慧型家庭养老床位建设。持续实施老年助餐服务行动，各地要按规定落实税费优惠政策，充分发挥市场机制作用，支持具备资质的各类经营主体参与老年助餐服务。鼓励各地制定扶持措施，推动老年人助浴服务发展，支持流动助浴车等相关助浴服务产品研发应用；建立智能化信息化助医服务系统，培育专业助医组织和队伍，为老年人提供挂号取号、就医陪同、代取药品、代办缴费等助医服务；支持为居家老年人提供助洁、助行、助急和探访关爱等服务。引导家政企业开发适合居家养老的新服务品类，研发数字化平台，提高服务覆盖面。（民政部、国家发展改革委、财政部、工业和信息化部、国家卫生健康委、商务部按职责分工负责）

（二）丰富拓展社区养老服务。聚焦老年人“家门口”养老需求，统筹现有资源支持建设乡镇（街道）区域养老服务中心、社区嵌入式养老服务机构，畅通区域内养老服务供需渠道，构建一刻钟养老服务消费圈。支持有条件的地方开展老年认知障碍社区照护服务。支持设立社区老年用品、康复辅助器具展示和配置服务（租赁）站点，提供展示、科普、评估、配置、租售等一站式综合服务。推广“养老顾问”模式，为老年人提供政策咨询、委托代办、资源链接等服务，参与制定个性化照护服务计划与方案。统筹利用社区党群服务中心、社区便民服务中心等资源，提供就近就便、优惠优质的社区养老服务。（民政部、国家发展改革委、商务部按职责分工负责）

（三）优化提升机构养老服务。聚焦老年人集中照护服务需求，持续优化养老机构床位结构，落实养老机构优惠扶持政策，支持护理型床位建设。支持有条件的养老机构针对认知障碍老年人特殊需求，增设认知障碍照护专区，提供专业照护服务。完善经济困难失能老年人集中照护服务支持政策，推动地方加强资源整合，提升经济困难失能老年人集中照护服务能力。探索将具备条件的公办养老机构改制为国有养老服务企业或拓展为连锁服务机构，完善公办养老机构委托经营机制，引导公建民营等养老机构为老年人提供普惠养老服务。鼓励社会力量兴办高品质养老机构，依规建设老年公寓、养老社区。（民政部、国家发展改革委、财政部、商务部按职责分工负责）

（四）加快发展农村养老服务。开展县域养老服务体系创新试点项目，支持组建县域养老服务联合体。有条件的村在履行民主程序的基础上，可按规定将集体经营收益用于发展养老服务。鼓励盘活闲置农房，为周边老年人提供质量有保障、价格可承受、运营能持续的养老服务。各地要合理安排农村特困人员供养服务设施（敬老院）运转经费。加快推进农村寄递物流体系建设，支持老年人消费品下乡，鼓励对标记为老年用品的邮件快件提供适老化配送服务。（民政部、财政部、自然资源部、农业农村部、国家邮政局按职责分工负责）

二、拓展养老服务消费新场景新业态

（五）创新“智慧+”养老新场景。鼓励具备条件的地方探索建设“智慧养老院”，配置生活照料、康复护理、健康管理、远程保障、活动预警等智能化设备。支持发展社区“虚拟养老院”，为居家老年人提供线上线下养老服务。开发“养老服务电子地图”等应用程序，便利老年人获得养老服务。深化电视操作复杂治理，提升老年人看电视体验，扩大重温经典频道覆盖范围，提供适老化电视大屏内容，积极开展“智慧广电+养老服务”，通过有线电视、5G等方式，开发场景式、体验式、互动式养老服务消费场景。引导国家智能社会治理实验特色基地（养老）和全国智慧健康养老应用试点示范单位聚焦养老服务消费需求，创新开发智慧养老新技术新产品。（中央网信办、工业和信息化部、民政部、广电总局按职责分工负责）

（六）发展“行业+”养老新业态。支持养老服务与物业、家政、医疗、文化、旅游、体育、教育等行业融合发展，拓展形成多形态新型消费领域。支持有条件的物业服务企业通过内设养老服务部门、成立社区养老服务机构、引进养老服务机构入驻等方式为居民提供养老服务。支持有条件的家政服务企业将养老照护作为重点发展方向，提升家政从业人员养老服务能力。积极发挥互联网医院作用，通过线上线下相结合方式，为养老机构入住老年人提供医疗服务。支持有条件的地方推动医疗床位、养老床位服务联动，推动形成整合照护服务模式。推动养老服务与中医医疗、养生保健等健康服务协同发展，持续推进“健康消费引领行动”。支持有条件的地方开展省际旅居养老合作，制定旅居养老地方、团体标准，发布旅居养老服务机构推荐目录，开发旅居养老、家庭同游等产品和线路。完善相关政策规定，发展老年旅游保险业务。支持各地推动落实老年人优待“同城同待遇”，探索老年人异地养老模式。支持引导在公共体育设施布局中充分考虑老年人健身需求，发布老年人体育健身活动指南，推广“五禽戏”、“八段锦”等传统保健体育运动。鼓励各地以老年大学为依托，开展线上线下文娱活动，丰富老年人精神文化生活。（民政部、住房城乡建设部、商务部、文化和旅游部、国家卫生健康委、金融监管总局、体育总局、国家中医药局按职责

分工负责）

（七）拓宽“平台+”养老新渠道。鼓励平台企业拓展养老服务消费新场景，建立养老服务、老年用品市场交易平台，提升养老服务的普惠化、便捷化、个性化水平。引导网络电商平台、购物应用程序等平台企业提供适老化服务，增强老年人等群体享受智能化产品和服务的便捷性。持续开展“孝老爱老”购物节活动，支持经营主体在重阳节、中秋节、春节等传统节日举办养老服务和老年用品主题促消费活动。将每年10月确定为“养老服务消费促进月”，鼓励企业发放购物优惠券、降价促销，培育消费新增长点。发挥中国国际进口博览会、中国进出口商品交易会、中国国际服务贸易交易会、中国国际消费品博览会等大型展会引领作用，设置养老服务相关专区，支持相关机构举办产业对接活动。支持各地依规以市场化、社会化方式举办各类养老服务领域博览会、展销会。（商务部、工业和信息化部、民政部按职责分工负责）

三、加强养老服务设施设备和产品用品研发应用

（八）增加养老服务设施有效供给。依据国土空间规划，编制养老服务设施空间布局专项规划，统筹纳入国土空间规划“一张图”的新增养老服务设施建设用地，在土地利用年度计划中优先予以安排。充分发挥中央预算内投资、地方政府专项债、社会力量投入等多渠道资金作用，稳步实施养老服务机构建设项目。结合完整社区建设、城镇老旧小区改造、城市危旧房改造和城市社区嵌入式服务设施建设工程等城市更新工作，同步推进补齐老旧小区养老服务设施短板。持续以县（市、区、旗）为单位推进示范性居家社区养老服务网络建设，实现连锁化运营、标准化管理、专业化运作、数字化发展。（民政部、国家发展改革委、财政部、自然资源部、住房城乡建设部按职责分工负责）

（九）推动养老服务设施提质增效。优化资源配置，合理确定区域内养老服务设施的数量、规模和布局，明确养老服务设施的服务半径。

推动养老服务设施规范化、标准化建设，支持存量养老服务设施改造，提升养老服务机构护理能力。鼓励在养老服务设施建设前形成项目运行方案，明确服务对象、内容、价格、运营模式等，确保养老服务设施建成后可持续运行和良性发展。对运营困难、入住率低的公办养老机构，可采取公建民营等方式，引入专业力量提升管理运营水平。推进公建民营养老机构规模化、连锁化发展，有效发挥示范带动作用。（民政部、国家发展改革委按职责分工负责）

（十）推进养老服务设备更新。推动养老服务机构安全生产基础设施更新改造升级，有效防范化解重大安全隐患。有条件的地方可根据需要对养老服务机构护理类、辅助洗浴类、康复训练类、消防安全类等设施设备进行更新。（民政部牵头、各相关部门按职责分工负责）

（十一）深化老年用品推广应用。持续发布老年用品推广目录。推动功能性老年服装服饰、智能化日用辅助产品、养老照护产品、康复训练及健康促进辅具、功能补偿与增强设备、老年益智产品、适老化环境改善产品等老年用品行业发展。支持老年人生命体征非接触式监测、基于脑机融合的智慧康复等关键技术的研发和突破。鼓励研发适合老年人咀嚼吞咽和营养健康需求的特殊食品。支持在老年用品领域培育国家技术创新企业、“专精特新”企业、制造业单项冠军企业。支持发展老年用品维修、检测企业或机构。支持有条件的地方培育老年用品科技研发、展示体验、贸易集散、电子商务服务等产业集群。鼓励商场超市、购物中心等设立线下老年用品展示、售卖专区。（工业和信息化部、国家发展改革委、民政部、商务部、市场监管总局按职责分工负责）

（十二）开展适老化改造。支持地方将居家适老化改造所用物品和材料购置纳入消费品以旧换新行动重点支持范围，对高龄老年人居家环境开展适老化改造评估工作，建设适老化改造供需对接服务平台，引导更多老年人家庭开展适老化改造。优先支持老年人居住比例高的老旧小区加装电梯。在社区、养老服务机构等积极推行无障碍环境认证。在城市公共区域加装老年人休息椅。健全老年人交通运输服务体系，发展适老公共交通，鼓励各地加快推广低地板及低入口城市公共汽电车，配置适量的无障碍出租汽车，支持主要网约车平台企业优化完善“一键叫车”服务功能。鼓励金融机构在营业网点设置老年人办理业务“绿色通道”，推动金融服务终端适老化改造，保留现金、存折等传统服务方式。抓紧制定出台一批适老化产品生产制造、安装、服务标准。（民政部、工业和信息化部、商务部、交通运输部、市场监管总局、中国人民银行、金融监管总局、住房城乡建设部按职责分工负责）

四、加强养老服务消费保障

（十三）提升老年人消费意愿。加快建立长期护理保险制度。完善老年人福利补贴制度。支持理财公司发行养老理财产品，鼓励信托公司加大养老领域信托业务探索，适应不同年龄段和风险偏好的老年人群需求。鼓励保险公司合理设计老年人意外伤害保险、商业性长期护理保险等产品，科学厘定费率。有条件的地方可对老年人发放养老服务消费券。（民政部、财政部、金融监管总局、国家医保局按职责分工负责）

（十四）加大财政金融支持。严格落实各类养老服务机构用水、用电、用气、用热按居民生活类价格执行政策和有关税费优惠政策。提升金融支持养老服务质效，鼓励支持银行、保险、证券、信托、担保、基金等金融机构精准对接养老机构建设和运营、老年用品租赁、适老化改造等融资需求，在风险可控前提下创新金融产品。支持养老设施纳入基础设施领域不动产投资信托基金（REITs）发行范围。鼓励各类金融机构按市场化法治化原则支持养老服务体系建设，着力加大普惠养老服务供给。（民政部、财政部、国家发展改革委、中国人民银行、金融监管总局按职责分工负责）

（十五）加强养老服务人才队伍建设。推进养老服务职业体系建设，动态更新职业分类目录，加强养老服务领域新职业新工种开发。实施养老护理员能力提升行动，支持大规模培养养老护理员。支持各地培育遴选一批社会化评价机构，全面规范开展养老护理员职业技能等级认定工作。引导养老服务机构强化工资收入分配的技能价值激励导向，促进养老护理员的技能等级和收入水平同步提升。充分发挥行业协会在提高养老护理员工资待遇水平方面的指导作用。鼓励有条件的地方发布养老护理员工资价位信息。养老护理员相关待遇政策要有效覆盖提供居家养老上门服务的养老护理员。支持引导家政服务员、健康照护师、长期照护师参加养老护理员培训和职业技能等级认定。完善老年人能力评估师职业标准建设、职业技能等级认定等工作，支持开发养老服务相关新职业标准。支持养老服务领域专业技术人员参加职称和职业资格评价。支持养老服务机构积极吸纳社会工作专业人才。（民政部、人力资源社会保障部、财政部、商务部、国家医保局按职责分工负责）

（十六）壮大养老服务经营主体。支持各地培育具有引领和示范效应的养老服务龙头企业，推动形成若干高品质养老服务品牌。加强国有经济在养老服务领域布局，引导具有主业优势的国有企业积极发展普惠养老服务。鼓励社会资本投入养老服务行业，对接收经济困难等符合条件的高龄、失能老年人的养老机构，应参照公办养老机构予以补助。推动通过政府购买服务方式，引导社会力量积极参与提供基本养老服务。鼓励地方探索建立区域养老服务合作机制，支持粤港澳大湾区、京津冀、长三角、成渝等地区开展跨区域养老试点探索。支持养老服务龙头企业依托“一带一路”等国际合作机制走出去，开拓国际养老服务市场，推广中国养老服务技术和产品。（民政部、国家发展改革委、财政部、商务部、国务院国资委、市场监管总局按职责分工负责）

五、打造安心放心养老服务消费环境

（十七）提升安全管理保障水平。实施养老服务领域安全生产治本攻坚三年行动，加强养老机构行业消防安全管理，推动重大事故隐患动态清零。强化入住机构老年人人身安全保障，严厉查处欺老虐老行为。加强“双随机、一公开”检查力度，鼓励各地探索开展养老服务质量监测，深查细改服务质量突出问题。严格要求养老机构按规定对有偿服务进行明码标价。鼓励老年助餐服务机构投保食品安全责任保险。开展符合老年人身心特点的识骗防骗集中宣传活动，提升识骗能力。（民政部、公安部、市场监管总局、金融监管总局、国家消防救援局按职责分工负责）

（十八）高效处理养老服务消费纠纷。畅通养老服务消费投诉举报渠道，支持实行消费投诉公示试点，向投诉老年人反馈核实及处置情况。鼓励有条件的地方建立养老服务消费纠纷快速调处和先行赔付机制，高效便捷开展纠纷调处。探索建立老年用品和服务消费评价机制，将评价结果纳入政府购买服务重要考虑因素。严厉查处向老年人欺诈销售各类产品和服务的违法行为。加强养老机构预收费监管政策落地实施。（民政部、市场监管总局、国家发展改革委、公安部、财政部、中国人民银行、金融监管总局按职责分工负责）

（十九）加强养老服务标准支撑消费作用。鼓励以企业为主体、以行业为依托制定实施一批养老服务标准。引导养老服务机构自主申报等级评定，梯次提升养老服务质量等级。加快建立全国统一的养老服务认证体系。支持养老服务机构在养老服务、老年用品等领域开展贯标落标自主承诺、执行标准自我声明活动。（市场监管总局、民政部按职责分工负责）

各有关部门要各司其职、加强协作，及时解决影响养老服务消费发展的堵点难点问题，确保促进养老服务消费措施落地生效。各地要切实加强组织领导，将促进养老服务消费、提升老年人生活品质列入重要民生工作，结合本地实际，细化工作措施，抓好各项任务贯彻落实，在推动解决老年人养老服务急难愁盼问题中培育服务消费新增长点。

解读民政部等24部门《关于进一步促进养老服务消费 提升老年人生活品质的若干措施》*

民政部、商务部、国家发展改革委、工业和信息化部、市场监管总局等部门有关司局负责人

2024年10月31日，民政部、商务部、中央网信办等24部门印发了《关于进一步促进养老服务消费 提升老年人生活品质的若干措施》(以下简称《若干措施》)，对养老服务消费工作作出全面系统安排。为更好地理解和执行《若干措施》，现对有关内容作以下解读。

一、《若干措施》的突出亮点和创新点以及对于促进养老服务消费发挥的作用

出台《若干措施》是深入学习贯彻习近平总书记关于养老服务的重要论述，贯彻落实党的二十大和二十届二中、三中全会部署，推动养老事业和养老产业协同发展的重要举措，主要目的是通过加大和优化高质量养老服务供给，更好满足老年群体养老服务消费需求，努力让老年人的获得感、幸福感、安全感更加充实、更有保障、更可持续。《若干措施》主要有以下三个方面的特点。

第一，坚持民生为要，突出有效提升老年人生活品质。习近平总书记指出，我国社会老龄化程度越来越高，一定要让老年人有一个幸福的

---

* 编者根据《民政部、商务部、国家发展改革委、工业和信息化部、市场监管总局等部门有关司局负责人就〈关于进一步促进养老服务消费　提升老年人生活品质的若干措施〉答记者问》整理。

晚年。[1] 当前，随着我国经济社会不断发展，亿万老年人养老服务需求已从生存型向发展型转变，从简单生活照料需求向多层次、多样化、个性化需求转变。《若干措施》聚焦老年人在居家、社区、机构等不同场景下的养老服务需求，提出全面推进智慧型家庭养老床位建设，大力发展助餐、助浴、助医、助洁、助行、助急和探访关爱等服务，发展社区“虚拟养老院”，为居家老年人提供线上线下服务，支持老年人家庭开展适老化改造；提出构建一刻钟养老服务消费圈，为老年人便利获得所需的专业服务提供渠道；提出支持养老机构护理型床位建设和增设认知障碍照护专区，完善经济困难失能老年人集中照护服务支持措施，更好满足失能老年人长期照护刚需。

第二，坚持市场主导，突出充分激发养老服务消费活力。党的二十届三中全会对鼓励和引导企业等社会力量积极参与养老服务提出明确要求。养老服务产业是具有巨大发展潜力的朝阳产业，有效激发养老服务消费活力，不断拓展养老服务消费新场景新业态，需要充分发挥市场主导作用。《若干措施》聚焦推动养老服务产业健康有序发展，提出支持养老服务与物业、家政、医疗、文化、旅游、体育、教育等行业融合发展，拓展形成多业态多形式的新型消费领域；提出发挥平台经济优势，鼓励平台企业建立养老服务、老年用品市场交易平台，支持各地依规以市场化、社会化方式举办各类养老服务领域博览会、展销会；提出支持培育老年用品国家技术创新企业、“专精特新”企业、制造业单项冠军企业等，培育老年用品科技研发、展示体验、贸易集散、电子商务服务等产业集群；提出不断壮大养老服务经营主体，支持培育养老服务领域龙头企业，推动形成若干高品质的养老服务品牌。

第三，坚持改革创新，突出加大养老服务消费促进力度。党的二十

---

① 《习近平春节前夕视频连线看望慰问基层干部群众 向全国各族人民致以新春的美好祝福 祝各族人民幸福安康 祝愿伟大祖国繁荣昌盛》，载《人民日报》2023年1月19日第1版。

届三中全会对积极应对人口老龄化、完善发展养老事业和养老产业政策机制作出具体部署。《若干措施》聚焦新时代养老服务改革发展要求，首次提出推动养老服务供需适配，进一步满足老年人在居家、社区、机构等不同场景下的养老服务需求；首次提出创新拓展“智慧+”“行业+”“平台+”养老服务消费新场景新业态，通过科技赋能、行业融合、平台整合等方式，有效汇聚不同行业的优质资源以及优势服务内容方式，为老年人提供更加丰富、便利的服务，进一步畅通养老服务消费渠道；首次提出将每年10月设为“养老服务消费促进月”，培育养老服务消费新增长点；首次提出促进养老服务消费要“引进来”和“走出去”相结合，支持养老服务经营主体立足国内养老服务市场发展壮大，同时依托“一带一路”等国际合作机制开拓国际养老服务市场，推广中国养老服务技术和产品。

二、落实《若干措施》和促进服务消费高质量发展的考虑和安排

养老服务是服务消费的重要领域，随着我国老龄化程度加深，相关市场需求将持续扩大。推动养老服务高质量发展，将有利于提升老年人生活品质，增进老年人福祉，带动服务消费发展。

商务部将积极支持养老服务发展，推动家政服务业提质扩容，实施家政兴农行动，完善家政服务信用信息体系，开展家政服务员技能升级行动，多措并举满足居家养老服务需求。利用进博会、服贸会等展会平台，设置养老服务专区，促进养老服务产业发展。支持地方将居家适老化改造所用物品和材料购置纳入消费品以旧换新行动重点支持范围。支持养老服务龙头企业走出去，全面提升养老服务产业发展水平。

作为服务消费工作牵头部门，商务部按照《国务院关于促进服务消费高质量发展的意见》（以下简称《意见》）要求，建立了19个部门组成的促进服务消费发展工作协调机制，统筹协调促进服务消费发展政策措施研究制定和组织实施等工作，推动构建服务消费“1+N”政策措施体系。此次出台的《若干措施》就是贯彻落实国务院《意见》的

N项具体举措之一。下一步，商务部将认真贯彻落实党中央、国务院决策部署，会同相关部门加快培育服务消费新增长点，促进服务消费高质量发展。一是加快完善“1+N”政策措施体系，推动出台增开银发旅游列车、扩大家政服务消费等若干政策举措，形成服务消费政策“组合拳”。二是推进服务消费领域对外开放，主动对接国际高标准经贸规则，深化电信、教育、养老、医疗、健康等领域开放，以开放优化供给，以供给创造需求。三是搭建服务消费促进工作平台，实施服务消费提质惠民行动，积极改善消费条件、打造消费热点，优化消费环境。持续开展“服务消费季”系列促消费活动，促进商旅文体健融合发展，更好满足群众个性化、多样化、品质化消费需求。

三、促进养老服务消费对经济社会发展带来的影响

家家都有老人，人人都会变老，促进养老服务消费，对于保障和改善民生、有效扩大内需、培育新增长点等具有积极促进作用。

《若干措施》将有力支撑发展银发经济，增进老年人福祉。2024年国务院办公厅印发的《国务院办公厅关于发展银发经济 增进老年人福祉的意见》部署推动银发经济规模化、标准化、集群化、品牌化发展，养老服务是其中的重要方面。通过供需适配、新场景新业态拓展、消费环境打造等一系列政策组合拳，推动养老服务全行业扩容提质增效，推动银发经济整体高质量发展，让老年人共享发展成果、安享幸福晚年。

《若干措施》深入贯彻党中央决策部署，推动养老产业发展壮大。2024年9月26日召开的中共中央政治局会议要求，支持和规范社会力量发展养老产业。对此，《若干措施》坚持养老事业和养老产业协同发展，引导社会力量积极参与提供基本养老服务，推进公建民营养老机构规模化、连锁化发展，鼓励社会力量兴办高品质养老机构，依规建设老年公寓、养老社区，在推动解决老年人养老服务急难愁盼问题中培育服务消费新增长点。

《若干措施》有助于满足老年人消费需求，持续释放内需潜力。我国老年人口规模大、老龄化速度快，1962 年后的“婴儿潮”出生人口陆续进入老龄阶段，新的老年群体财富储备更加充实，消费观念更新，消费意愿和能力更强，需求结构正在加速向发展型、个性化转变。满足老年人多层次、多样化需求的养老服务，有望成为经济转型、内需扩大的重要驱动力。

下一步，国家发展改革委将结合职责，从体系建设、设施利用、整体推动三个方面抓好《若干措施》贯彻落实。一是统筹用好中央预算内投资、地方政府专项债、普惠养老专项再贷款等资金渠道，支持养老服务体系化建设，重点加强失能照护服务能力，发展社区嵌入式养老服务。二是在组织谋划养老项目建设时，将以提质增效为努力方向，积极推广公建民营等模式，吸引社会力量参与。三是督促指导各地实施好“一老一小”整体解决方案，将一揽子支持养老服务发展的“政策包”落到实处，为养老服务发展创造良好外部环境。

四、推动养老服务供需适配方面的举措

目前，我国养老服务供需不匹配的问题仍然存在，需要进一步准确把握老年人需求变化，不断扩大和优化养老服务供给，促进供需精准对接，助力民生改善和经济发展。

《若干措施》坚持以老年人需求为导向，从居家、社区、机构、农村等方面提出促进养老服务供需适配的政策举措。一是在居家养老服务供给方面，顺应广大老年人居家养老意愿，聚焦失能照护、助餐服务等刚性需求，要求全面推进智慧型家庭养老床位建设，持续实施老年助餐服务行动，推动老年人助浴服务发展，建立智能化助医服务系统，支持助洁、助行、助急和探访关爱等服务，让老年人可以足不出户享受居家养老服务。二是在社区养老服务供给方面，统筹利用社区公共服务资源，支持开展老年认知障碍社区照护服务，支持设立社区老年用品、康复辅助器具展示和配置服务（租赁）站点，推广“养老顾问”模式，畅通区域内养老服务供需对接渠道，让老年人就近就便享受优惠优质的社区养老服务。三是在机构养老服务供给方面，持续优化养老机构床位结构，大力支持护理型床位建设，支持增设认知障碍照护专区，完善经济困难失能老年人集中照护服务支持政策；完善公建民营等运营机制，加大普惠养老服务供给；鼓励社会力量兴办高品质养老机构，满足不同层次养老服务需求。四是在农村养老服务供给方面，开展县域养老服务体系创新试点项目，支持组建县域养老服务联合体，鼓励盘活闲置农房用于发展养老服务，支持老年消费品下乡，更好满足农村老年人养老服务需求。

下一步，民政部将紧紧围绕老年人养老“急难愁盼”和新的需求变化，不断深化供给侧结构性改革，推动构建居家社区机构协调贯通的养老服务供给格局，更好满足老年人养老服务需求。

五、进一步推动老年用品产业高质量发展的措施

工业和信息化部始终坚持以人民为中心的发展思想，以问题为导向，以目标为牵引，加快推进老年用品产业创新发展。

一是先后发布3批《老年用品产品推广目录》，累计推广老年服装服饰、陪护机器人、智能监测仪、多功能护理床等千余项优质老年用品，助力提升老年人生活质量。会同中国人民银行等部门开展普惠养老专项再贷款工作，加大对老年用品生产企业支持力度。联合民政部开展了5届重阳节“孝老爱老购物节”活动，繁荣老年用品市场。同时，建立老年用品产业标准体系框架，为企业设计生产适老化产品提供指引。

二是重点面向智慧养老院、智慧社区等智慧养老场景，持续开展智慧健康养老应用试点示范遴选。截至目前，已累计发布并复核199家示范企业、293个示范街道（乡镇）、80个示范基地、3个示范园区。发布3版智慧健康养老产品及服务推广目录，遴选228项产品、204项服务，鼓励企业开发和推广适老产品和服务。

三是印发实施《促进数字技术适老化高质量发展工作方案》，组织开展2024年“数字适老中国行”活动，推动超50项适老化专利开放共享，指导2864个老年人常用网站和手机App完成适老化改造，助力老年人乐享数字生活。组织制定移动终端、智能电视等产品的适老化标准，推动超1.4亿台国产智能手机、智能电视完成适老化改造。

下一步，工业和信息化部将持续深入贯彻落实党中央、国务院决策部署，以老年用品产业高质量发展行动为抓手，加快推进产业创新、供给优化和标准建设，满足老年人多层次、多样化、个性化消费需求，切实提高老年人获得感、幸福感、安全感。

一是大力支持老年用品产业发展。引导企业加快产品研发和技术升级，支持企业提升老年用品的功能性、智能化和设计水平，针对健康管理、智能照护等高端领域，开展关键共性技术和重点产品联合攻关。支持老年用品领域培育国家技术创新企业、“专精特新”小巨人企业、制造业单项冠军企业等，增强产业创新发展能力。

二是优化产品和服务供给。持续发布老年用品产品推广目录、智慧健康养老产品和服务推广目录，鼓励企业开发适配性更高、体验感更好的产品和服务。综合运用5G、工业互联网等技术，提升老年产品生产效率和供给质量。发挥媒体宣传推介作用，打造一批创新力强、品质优良、有影响力的老年用品品牌。

三是完善标准体系建设。细化老年用品安全、功能、性能等指标参数及测评方法，制定老年用品通用标准体系，持续推动智慧健康养老产品及信息化服务标准研制，以高标准推动产品质量提升。完善产品质量追溯标准，研究老年用品分类分级标准体系，推动建设标准化、专业化的第三方质量检验测试平台。

四是强化养老康复产业链关键技术装备攻关。抓好失能老人护理、养老康复等当前急需产品的攻关研制工作，加快养老装备技术服务平台建设，提升养老装备供给能力和保障水平。加强生物制造与增材制造融合，加大对养老服务机器人攻关的支持力度，加强养老服务典型场景挖掘，加快养老服务机器人相关标准制修订。

六、开展适老化改造工作

实施适老化改造，可以针对老年人身体状况和行动特点，对家庭环境进行升级改造，大大降低老年人摔倒的外部风险，营造更宜居的生活环境，让老年人居家养老更安全、更舒适。民政部高度重视居家适老化改造工作，深入贯彻党中央、国务院决策部署，将适老化改造纳入积极应对人口老龄化国家战略和养老服务体系建设整体工作，会同相关部门规划实施了“十四五”特殊困难老年人家庭适老化改造工程。计划“十四五”期间，全国完成 200 万户特殊困难老年人家庭适老化改造，截至目前，已完成 172 万户改造任务。同时，将特殊困难老年人家庭适老化改造纳入了《国家基本养老服务清单》，制定发布《适老环境评估导则》《老年人居家环境适老化改造通用要求》等一批国家和行业标准，为适老化改造提供技术规范支持，逐步建立了长期工作机制。

《若干措施》强调支持地方将居家适老化改造所用物品和材料购置纳入消费品以旧换新行动重点支持范围。民政部指导各地因地制宜争取有关资金支持，引导支持居家适老化改造，并将优惠支持对象从特殊困难老年人家庭拓展到有需求的广大老年人家庭。据初步统计，目前已有 26 个省份制定了专项实施方案，争取资金约 28 亿元，拟为 84 万户老年人家庭适老化改造提供补贴。例如，江苏省印发《消费品以旧换新居家适老化改造实施细则》，制定了改造补贴建议目录，坚持“一户一补”，社会老年人家庭补贴 50%，符合条件的经济困难老年人家庭可按实际支出获得全额补贴，每户补贴上限 3000 元。目前，各地正有序加快推进居家适老化改造工作，受到老年人家庭普遍欢迎，提升了全社会对居家适老化的认识，也进一步促进了适老化改造消费和行业发展。

“小工程带动大民生”。实施居家适老化改造，是推进居家社区养老服务发展、完善养老服务体系建设的重要工作。下一步，民政部将会同相关部门加强对各地督促指导，确保居家适老化改造让老年人有更多获得感、幸福感和安全感。一是持续将居家适老化改造作为消费品以旧换新重点支持范围予以大力推进，释放养老服务消费潜力。二是持续推进特殊困难老年人家庭适老化改造，巩固改造成果。推动如期完成预定的200万户特殊困难老年人家庭适老化改造任务。三是加强监督管理，督促指导各地把好改造设施设备的质量关，加强改造资金管理，完善招投标程序，实现全流程、全覆盖监管。

七、促进养老服务消费的保障性措施

加强养老服务消费保障，是提高老年人消费能力、增强消费意愿的有力支撑。《若干措施》提出加强养老服务消费保障的一系列政策措施。抓好这些政策措施落实，需要从供需两端发力，确保养老服务价格可承担、运营可持续、质量有保障。

一方面，多措并举降低供给端经营成本和价格。在税费优惠方面，严格落实各类养老服务机构用水、电、气、热按居民生活类价格执行政策和有关税费优惠政策。在金融支持方面，鼓励金融机构精准对接养老机构融资需求，鼓励各类金融机构支持养老服务体系建设。在人才支撑方面，推进养老服务职业体系建设，全面实施养老护理员能力提升行动和职业技能等级认定，引导养老护理员技能等级和收入水平同步提升，支持养老服务领域专业技术人员参加职称和职业资格评价。在做强经营主体方面，支持各地培育具有引领和示范效应的养老服务龙头企业，引导具有主业优势的国有企业积极发展普惠养老服务，鼓励社会资本投入养老服务行业，鼓励探索建立区域养老服务合作机制，支持养老服务龙头企业开拓国际养老服务市场。通过加强多方面要素支持保障，助力养老服务经营主体降本增效、做大做强。

另一方面，采取措施提升需求端支付能力。聚焦破解失能照护支付难题，明确加快建立长期护理保险制度，鼓励发展商业性长期护理保险产品。着眼增强养老消费储备，鼓励信托公司加大养老领域信托业务探索，鼓励保险公司合理设计适合老年人的保险产品。围绕促进养老服务消费，鼓励有条件的地方可对老年人发放养老服务消费券，为老年人提供更多消费选择。

八、打造安心放心养老服务消费环境，维护消费者权益的具体措施

市场监管总局高度重视养老服务消费工作，围绕打造安心、放心养老服务消费环境，开展了一系列工作。

一是强化养老服务标准支撑。联合民政部、商务部印发《养老和家政服务标准化专项行动方案》，细化养老服务标准化工作重点任务和举措。围绕机构养老、居家养老等方面，制定发布《老年人能力评估规范》《养老机构服务安全基本规范》等国家标准8项，积极推进居家养老助餐服务、认知症老人照护、养老机构康复器具配置等国家标准研制。通过国务院政策例行吹风会、部门联合发布会等形式，开展形式多样的标准宣传培训，同时以标准化试点示范带动标准实施。截至目前，累计开展养老服务领域的国家级服务业标准化试点140余家、示范项目2家。

二是深入开展养老服务认证工作。利用服务认证体验周、服务认证良好案例交流等活动，发挥先进示范作用，引导养老服务认证健康有序发展。截至目前，共有具备养老服务认证资质的机构55家，有效认证证书238张。开展统一的养老服务认证制度研究，针对我国以居家养老和社区养老为主的居民养老模式特点，积极推动建立“居家社区养老服务认证制度”，并遴选有条件的地区开展认证试点工作。

三是加强老年消费者权益保护。畅通以全国12315平台、12315热线为主的投诉举报渠道，及时受理和处理涉老产品等职责范围内的投诉举报。推动出台《消费者权益保护法实施条例》，专门就加强老年人消费保护作出具体规定。加强养老服务质量监测工作，强化质量分析，改善消费体验。组织开展民生领域广告监管专项行动，聚焦医疗、药品、保健食品、医疗器械等老年服务重点领域，依法查处广告违法行为。

四是扎实开展老年人相关特殊食品监管。加快推动相关特殊食品审评审批，促进更适合老年人消化吸收的产品加快上市，针对老年吞咽功能障碍可能引发营养不良、误吸的情形，积极推动特殊医学用途配方食品中增稠组件产品的审评审批，满足特殊人群营养健康需求。强化全链条风险防控，深入实施产品注册备案、生产经营许可备案、监督检查的全过程监管，守牢安全底线，创造安心放心的特殊食品消费环境。

下一步，市场监管总局将立足职能，强化措施，切实保障消费者权益。一是发挥标准引领作用。加强与民政部等相关部门的协调联动，持续推进养老和家政服务标准化专项行动各项任务落实，优化标准供给，健全标准体系，强化标准实施。二是完善服务质量监督监测工作机制。持续加强涉老产品的质量安全监管，完善服务质量监测评价指标体系，加大监测评价工作力度，提升产品和服务质量水平。三是保障老年人特殊食品安全。深入推进保健食品注册备案双轨运行，鼓励并指导企业开发适合老年人群咀嚼吞咽和营养要求的保健食品、适合特殊疾病状况老年人的特殊医学用途配方食品，保障罕见病类别特医食品安全和供应，维护特殊人群的身体健康和生命安全。

九、养老服务业务主管部门在抓好《若干措施》落实上的考虑

一分部署，九分落实。下一步，民政部将会同相关部门督促指导各地全力抓好《若干措施》落地实施。

一是加强部门协同抓落实。促进养老服务消费涉及多个部门、多个领域，民政部将加强与各有关部门沟通协作，进一步优化养老服务消费环境，增强养老服务产业发展活力，激发老年人消费潜力，以更大规模、更高质量的养老服务供给更好满足广大老年人消费新需求新期待，助力拉动内需、扩大就业、推动经济发展。

二是完善政策措施抓落实。指导推动各省（区、市）结合实际制定本地区促进养老服务消费相关政策措施，进一步细化目标任务，明确推进时限，加强组织保障，压实工作责任，确保各项举措落地见效。

三是用好活动载体抓落实。《若干措施》明确提出将每年10月确

定为“养老服务消费促进月”，这既是弘扬我国孝老敬老爱老优良传统的具体体现，也是促进养老服务消费的切实行动。民政部将指导各地充分利用好这一载体，有效发挥各类养老服务领域博览会、老年消费品展销会、网络电商平台等作用，鼓励企业通过发放购物优惠券、降价促销等形式让老年人得到实惠，上下联动举办好“养老服务消费促进月”全国主场活动和各省（区、市）分会场活动，在全社会营造促进养老服务消费、提升老年人生活品质良好氛围。

四是强化督促指导抓落实。要加大督促指导力度，及时跟踪评估政策实施效果，指导推动各地将促进养老服务消费与保障改善民生结合起来，纳入重要民生工程强力推进，加强组织领导，创新形式载体，加强宣传引导，切实将养老服务消费工作抓实抓细。

（来源：民政部网站）

指导案例、典型案例与解读

最高人民法院

关于发布第 41 批指导性案例的通知

2024 年 11 月 25 日　　法〔2024〕253 号

各省、自治区、直辖市高级人民法院，解放军军事法院，新疆维吾尔自治区高级人民法院生产建设兵团分院：

经最高人民法院审判委员会讨论决定，现将新某航运有限公司诉中国机某国际合作股份有限公司海上货物运输合同纠纷案等七个案例（指导性案例 230—236 号），作为第 41 批指导性案例发布，供审判类似案件时参照。

指导性案例 230 号

新某航运有限公司诉中国机某国际合作股份有限公司海上货物运输合同纠纷案

（最高人民法院审判委员会讨论通过　2024 年 11 月 25 日发布）

关键词　民事　海上货物运输合同　契约托运人　实际托运人　目的港无人提货　赔偿责任

裁判要点

根据《中华人民共和国海商法》（以下简称海商法）第四十二条的规定，托运人既包括与承运人订立海上货物运输合同的契约托运人，也包括向承运人交付货物的实际托运人。在收货人没有向承运人主张提货或者行使其他权利的情况下，因目的港无人提货而产生的费用和风险由作为海上货物运输合同缔约方的契约托运人承担，实际托运人对此不承担赔偿责任。

基本案情

新某航运有限公司（以下简称新某航运公司）诉称：中国机某国际合作股份有限公司（以下简称中国机某国际公司）向其订舱出运一批货物，共计 26 个 40 尺集装箱，从中国天津新港运至泰国林查班港，新某航运公司接受订舱。2018 年 7 月 2 日案涉货物装上“C 某”轮 031S 航次，新某航运公司签发了指示提单，中国机某国际公司为提单记载的托运人。货物于 2018 年 7 月 14 日运抵目的港，但始终无人提货，产生集装箱超期使用费、码头堆存费等损失。故请求判令中国机某国际公司赔偿集装箱超期使用费、码头堆存费等损失，并返还集装箱。

中国机某国际公司辩称：中国机某国际公司并非案涉海上货物运输合同的契约托运人，而仅为实际托运人。中国机某国际公司已按照其与案外人海某企业有限公司（以下简称海某公司）签订的贸易合同交付案涉货物，并将提单等议付单据全部提交银行并取得货款，此后对案涉货物既不享有任何权利，也不应承担任何责任。中国机某国际公司对目的港无人提货不存在任何过错。在中国机某国际公司不实际占有案涉集装箱的情况下，新某航运公司请求中国机某国际公司返还集装箱，亦没有法律依据。

法院经审理查明：2018 年 3 月，海某公司与中国机某国际公司签订了贸易合同，约定由海某公司向中国机某国际公司购买一批货物（无缝钢管），装运港为中国天津新港，目的港为泰国林查班港，付款条件为不可撤销的即期信用证。为履行上述贸易合同，海某公司于2018年5月11日与天津晟某国际物流有限公司（以下简称晟某公司）签订了集装箱代理协议，委托晟某公司为案涉货物提供货运代理服务。接受委托后，晟某公司委托天津福某国际货运代理有限公司（以下简称福某公司）订舱，福某公司又向新某航运公司订舱。新某航运公司接受订舱后，于2018年7月2日将装载于26个40尺集装箱内的案涉货物装船出运。本次贸易为FOB（Free On Board，装运港船上交货）价格条件成交，由货物买方海某公司负责订立运输货物的合同，卖方中国机某国际公司负责将货物装上买方指定的船舶。案涉指示提单记载，托运人为中国机某国际公司，收货人凭指示，承运人为新某航运公司，通知方为海某公司。新某航运公司通过订舱公司收取了运费及相关费用。2018年7月14日，案涉货物运抵目的港泰国林查班港并完成卸载，至案件审理时仍存放在目的港无人提取。

另查明，中国机某国际公司已通过向开证银行提交提单议付的方式收到了全部货款。

裁判结果

天津海事法院于2019年12月26日作出（2019）津72民初1012号民事判决：驳回原告新某航运有限公司的全部诉讼请求。一审宣判后，新某航运有限公司不服，提起上诉。天津市高级人民法院于2020年11月27日作出（2020）津民终466号民事判决：驳回上诉，维持原判。二审宣判后，新某航运有限公司申请再审。最高人民法院于2021年12月9日作出（2021）最高法民申5588号民事裁定：驳回新某航运有限公司的再审申请。

裁判理由

将货物安全运抵目的港并完成交付是海上货物运输合同承运人的义务。货物运抵目的港后，收货人应当及时提取货物。在收货人没有向承运人主张提货或者行使其他权利的情况下，因目的港无人提货导致承运人损失，应当由托运人承担赔偿责任。根据海商法第四十二条第三项的规定，托运人包括两种：一种是“本人或者委托他人以本人名义或者委托他人为本人与承运人订立海上货物运输合同的人”，即契约托运人；另一种是“本人或者委托他人以本人名义或者委托他人为本人将货物交给与海上货物运输合同有关的承运人的人”，即实际托运人。契约托运人是与承运人订立海上货物运输合同的人，对于货物在目的港能够被收货人提取负有责任，对因目的港无人提货而产生的经济损失负有赔偿责任。而实际托运人不是与承运人订立海上货物运输合同的人，只是向承运人交付货物的人，收货人也并非由其指定，不应对因目的港无人提货而产生的经济损失承担赔偿责任。

本案中，虽然案涉提单记载的托运人为中国机某国际公司，但案涉海上货物运输合同系海某公司委托他人为其与新某航运公司订立，运费系其委托他人向新某航运公司支付，货物系中国机某国际公司向新某航运公司交付。可见，中国机某国际公司符合海商法第四十二条第三项规定的实际托运人而非契约托运人的法律特征。案涉货物在目的港无人提取，根据合同相对性原则，在中国机某国际公司与新某航运公司不存在运输合同关系，且案涉提单已随信用证流转、中国机某国际公司并未持有亦未主张提单权利的情况下，中国机某国际公司无须就目的港无人提货产生的损失向新某航运公司承担赔偿责任，相关费用和风险应当由契约托运人承担。同时，中国机某国际公司并未占有并掌控案涉集装箱，亦无须承担返还集装箱的责任。

相关法条

《中华人民共和国海商法》第 42 条

指导性案例231号

东莞市丰某海运有限公司诉东营市鑫某物流有限责任公司海难救助纠纷案

（最高人民法院审判委员会讨论通过 2024年11月25日发布）

关键词 民事 海难救助 救助款项 同一船舶所有人

裁判要点

同一船舶所有人的船舶之间进行海难救助，参与救助的船舶应当被视为独立的救助方。在救助船舶不存在《中华人民共和国海商法》（以下简称海商法）第一百八十七条规定的情形时，其依照海商法第一百九十一条的规定获得的救助款项，不因与其属同一船舶所有人的遇险船舶的过失而被取消或者减少。

基本案情

2016年1月1日，东营市鑫某物流有限责任公司（以下简称东营鑫某物流公司）与山东万某集团东营港航有限公司签订仓储协议，东营鑫某物流公司租用山东万某集团东营港航有限公司罐号为V-6105和V-6106的两座油罐。

“某盛油9”轮和“某盛油16”轮的船舶所有人均为东莞市丰某海运有限公司（以下简称东莞丰某海运公司）。2017年1月10日，“某盛油16”轮从山东万某集团东营港航有限公司罐号为V-6106的油罐中装载汽油6500吨。2017年1月16日，停靠在东营港南港池16#泊位的“某盛油16”轮在进行汽油装货作业过程中，由于“某盛油16”轮机舱和泵舱间的横隔壁存在缝隙及人员管理、操作等方面存在过失导致汽油泄漏进入泵舱、机舱，造成了危及人员、船舶和港口安全的重大险情。东营海事处执法人员在巡查中发现后向东营市海上搜救中心报告。

当地政府成立了“某盛油 16”轮险情应急处置工作组。根据东营市海上搜救中心和险情应急处置工作组的安排和要求，包括东莞丰某海运公司在内的多家单位参与了抢险救助工作。2017 年 1 月 19 日，东莞丰某海运公司调派“某盛油 9”轮进港参加救助。1 月 22 日 19 点左右，“某盛油 16”轮船上装载汽油全部过驳至“某盛油 9”轮。2 月 7 日中午，“某盛油 16”轮泵舱、机舱经过清污、驱气、通风后，测氧测爆达到正常数值，险情解除。

东莞丰某海运公司向青岛海事法院提起诉讼，请求判令东营鑫某物流公司（装载汽油的所有人）支付海难救助报酬、相应利息，并承担诉讼费用。诉讼中，东营鑫某物流公司辩称：“某盛油 16”轮对案涉事故具有过失。“某盛油 16”轮、“某盛油 9”轮的船舶所有人均为东莞丰某海运公司。根据海商法第一百八十七条的规定，东莞丰某海运公司因自己的过失应当被取消或者减少救助报酬。

另外，险情解除后，参与抢险救助工作的其他单位以东营鑫某物流公司与东莞丰某海运公司为被告就海难救助报酬向青岛海事法院提起诉讼。2020 年 11 月 19 日，东营鑫某物流公司与参与抢险救助的其他单位在青岛海事法院执行过程中达成执行和解协议，东营鑫某物流公司支付了海难救助报酬及相应利息。

裁判结果

青岛海事法院于 2019 年 9 月 26 日作出（2019）鲁 72 民初 137 号民事判决：驳回东莞市丰某海运有限公司的诉讼请求。一审宣判后，东莞市丰某海运有限公司不服，提起上诉。山东省高级人民法院于 2020 年 3 月 16 日作出（2020）鲁民终 14 号民事判决：一、撤销青岛海事法院（2019）鲁 72 民初 137 号民事判决；二、东营市鑫某物流有限责任公司自本判决生效之日起十日内向东莞市丰某海运有限公司支付海难救助报酬人民币 1290384 元及相应利息；三、驳回东莞市丰某海运有限公司的其他诉讼请求。二审宣判后，东营市鑫某物流有限责任公司申请再审。最高人民法院于2020年11月23日作出（2020）最高法民申4813号民事裁定：驳回东营市鑫某物流有限责任公司的再审申请。

裁判理由

为鼓励同一船舶所有人的船舶参与海难救助，避免不公平地剥夺参与救助船员应得的救助款项，以及公平保护各船舶保险人的利益，海商法第一百九十一条规定："同一船舶所有人的船舶之间进行的救助，救助方获得救助款项的权利适用本章规定。"该条规定了同一民事主体所有的船舶之间的救助同样可以产生救助款项请求权。海商法第一百八十七条规定："由于救助方的过失致使救助作业成为必需或者更加困难的，或者救助方有欺诈或者其他不诚实行为的，应当取消或者减少向救助方支付的救助款项。"该条规定了海难救助中救助款项的取消或者减少的情形。

根据我国诉讼制度，不得以船舶的名义提起诉讼。但是，在确定救助报酬的问题上，可以把救助船舶作为一个独立的单位。当引发救助的事故是因遇险船舶的驾驶、管货不当所致，与遇险船舶属同一所有人的救助船舶的救助款项请求权不应当受到影响。不能仅因两船属同一所有人，而混同两船在救助关系中的过失与责任。遇险船舶在驾驶、管货过程中存在过失并导致海难事故发生的，不应当视为救助船舶的过失。海商法第一百八十七条规定中的"救助方"应当被理解为救助船舶，而不是救助船舶的所有人。只要救助船舶不存在海商法第一百八十七条规定情形的，其获得的救助款项就不应当被取消或者减少。

本案中，虽然"某盛油16"轮与"某盛油9"轮属于同一船舶所有人，但"某盛油9"轮作为救助船舶，对于案涉海难事故的发生并无过失，东营鑫某物流公司亦未举证证明该轮在救助作业过程中存在欺诈或者其他不诚实行为，故"某盛油9"轮的救助报酬不因"某盛油16"轮在海难事故中的过失而被取消或者减少。

相关法条

《中华人民共和国海商法》第 187 条、第 191 条

指导性案例 232 号

某牧实业股份有限公司诉帕某海运公司海上货物运输合同纠纷案

（最高人民法院审判委员会讨论通过　2024 年 11 月 25 日发布）

关键词　民事　海上货物运输合同　货损举证责任　提单批注

裁判要点

根据《中华人民共和国海商法》（以下简称海商法）第七十六条的规定，承运人签发提单时对装载货物表面状况不良未作批注，应当承担由此引起的不利后果。但是，承运人对于货物表面状况是否如实批注，应当依据其签发提单时是否具备观察货物表面状况的客观条件，以及所作判断是否符合通常标准进行综合考量。

基本案情

原告某牧实业股份有限公司（以下简称某牧实业公司）诉称：某牧实业公司从美国进口一批玉米酒糟粕（以下简称酒糟），由帕某海运公司所属的“某巴”轮承运。帕某海运公司签发了案涉货物提单，记载重量 54999. 642 吨。货物到达广州新沙港，卸货时发现部分船舱内货物有严重变色、结块和焦煳味等现象。经委托相关检测机构进行勘察和检测，货物亨特（Hunter）色度 L 值（以下简称亨特色度 L 值）、粗蛋白含量等与货物原来品质严重不符，受损数量共计 20931. 98 吨。故请求判令帕某海运公司赔偿损失、利息，并承担诉讼费用。

被告帕某海运公司辩称：案涉货物不存在变色或货损情况。亨特色

度L值需要专业实验室检测，船长和承运人没有义务对这一货物品质指标进行检测，也没有义务在提单进行批注。案涉货物在装运时已经呈现不同颜色，船员已尽到合理谨慎的管货义务，未使得货物在运输过程中变色或色值加深。某牧实业公司主张的损失没有事实依据，故请求驳回某牧实业公司的诉讼请求。

法院经审理查明：某牧实业公司与某粮（美国）有限公司签订销售合同，购买酒糟，总重量5万吨，亨特色度L值50或以上。2015年8月26日，南某代理公司代表“某巴”轮船长签发提单，提单抬头写明北美谷物提单，与北美谷物1973格式航次租船合同同时使用。装船由兰某贸易集团公司代表某粮（美国）有限公司装船，装船时货物外表状况良好。收货人凭指示，通知方某牧实业公司。货物描述和装载情况：DDGS（酒糟），54999.642吨，装载于1至7舱，清洁提单，运费按照租约，租约日期2015年3月11日，运输条款见背面，对托运人所称重量、质量、数量未知。帕某海运公司为案涉船舶“某巴”轮的光船租赁人。拉某海事集团于2015年8月28日出具该批酒糟质量报告，写明通过装货港取样，分析结果为“某巴”轮装载的案涉货物亨特色度L值50.8。

2015年10月14日，“某巴”轮抵达广州新沙港开始卸货。在卸货过程中，某牧实业公司认为发生货损向船方提出索赔，为此某牧实业公司向中国某认证集团广东有限公司（以下简称中国某认证公司）申请对6-2B和7-4B仓库内的20931.98吨酒糟进行检验。中国某认证公司于2016年3月14日出具检验报告，记载检验人员于2015年10月24日前往广州新沙港码头仓库对某牧公司申报的堆存于6-2B仓库和7-4B仓库内共20931.98吨酒糟进行现场查看并抽取代表性样品，认定显示亨特色度L值42.5。

大连某杰海上保险公估有限公司接受委托于2015年10月16日至24日登抵“某巴”轮，代表该轮船东进行检验和调查，并安排通某标准技术服务有限公司（以下简称通某标准技术公司）检验人员监督卸货、检查货物状况及取样。在检验中，检验人员没有发现能对该轮的适航和适货性产生影响的不正常状况，该轮货舱水密完整性良好。通某标准技术公司出具检验报告，称检验人员于 2015 年 10 月 19 日至 24 日在广州新沙港监督案涉货物的卸载，并在仓库内系统采集小样，认定整船货混样检验亨特色度 L 值 48. 66。

另，根据 2015 年 8 月的装货港检验报告、装货记录及装货照片，案涉货物装载一部分是在码头由传输带装船，另一部分是通过抓斗由驳船装载，装货时 42 艘驳船装载货物的颜色不同，上述货物被装运至“某巴”轮的各个不同货舱。

裁判结果

广州海事法院于 2018 年 12 月 29 日作出（2016）粤 72 民初 705 号民事判决：一、帕某海运公司赔偿某牧实业股份有限公司货物损失人民币 9862112. 57 元及利息；二、驳回某牧实业股份有限公司的其他诉讼请求。一审宣判后，帕某海运公司不服，提起上诉。广东省高级人民法院于 2020 年 4 月 8 日作出（2019）粤民终 807 号民事判决：驳回上诉，维持原判。二审宣判后，帕某海运公司申请再审。最高人民法院提审本案，并于 2023 年 6 月 21 日作出（2022）最高法民再 14 号民事判决：一、撤销广东省高级人民法院（2019）粤民终 807 号民事判决和广州海事法院（2016）粤 72 民初 705 号民事判决；二、驳回某牧实业股份有限公司的诉讼请求。

裁判理由

本案为海上货物运输合同货损纠纷，争议焦点有以下两点：一是案涉货物在承运人责任期间是否发生货损；二是帕某海运公司是否因未在提单上如实批注而承担赔偿责任。

一、案涉货物在承运人责任期间是否发生货损

某牧实业公司未有效举证证明案涉货物的颜色、品质在承运人帕某

海运公司的运输责任期间发生变化并导致损失。具体而言：1. 案涉货物酒糟并没有国际统一的等级系统或者品质标准，亨特色度 L 值是反映货物颜色明亮程度的检测数值。颜色深浅与原材料、生产过程、温度等有关，也有可能因运输过程中热源加热或者水分含量过量导致颜色变深。故而，不同颜色并不表示一定存在质量问题。2. 中国某认证公司与拉某海事集团分别所作检验的货物范围、取样制样方式、检测标准均不相同，结论并不具有绝对的可比性。中国某认证公司检验报告不足以证明案涉货物颜色在运输过程中发生变化导致货损。3. 帕某海运公司提交的证据可以证明案涉货物在装船时已经呈现不同颜色并被装载在船舶的不同货舱，且卸货港与装货港的货物状态基本相符。4. 并无证据证明案涉船舶存在不适货的缺陷，亦无证据证明承运人存在管货不当导致因热源加热或者水分含量过量造成货物颜色变深。

二、帕某海运公司是否因未在提单如实批注而承担赔偿责任

某牧实业公司主张，帕某海运公司在装货港没有谨慎核实货物的表面状况，未在提单中如实批注案涉货物在装船时已经存在深浅颜色混杂的不良状况，应当承担未如实批注给某牧实业公司造成的损失。海商法第七十六条规定："承运人或者代其签发提单的人未在提单上批注货物表面状况的，视为货物的表面状况良好。"据此，承运人有权就其所认为的装载货物表面状况不良作出批注，如果未批注，将承担由此引起的不利后果。因此，承运人应当适当且谨慎地行使提单批注权。就本案而言，判定帕某海运公司是否因未在提单如实批注而承担赔偿责任，应当依据是否具备观察货物表面状况的客观条件，以及所作判断是否符合通常标准进行综合考量。

首先，案涉货物属于大宗散货，根据装货港记录，系分别通过传送带和抓斗进行装载。装货过程中，货舱充满灰尘，码头用帆布对舱口进行了遮盖以避免粉尘污染。在此情况下，使得船员很难清晰、全面观察到所有货物的表面状况，不具备怀疑货物表面状况异常的客观条件。

其次，船长、船员并非酒糟鉴定的专家，对颜色亮度并不具备专业判断能力，且亨特色度L值需要实验室精密仪器测试，数值相近情况下凭肉眼很难分辨差别，承运人根据正常的知识和通常的判断标准作出货物表面状况良好的判断符合常理。承运人帕某海运公司根据装货情况，签发记载“装船时货物外表状况良好”的提单，并无不当。

最后，酒糟因原材料、加工方式等多种因素导致可能存在多种颜色，颜色不同表示内在品质不一，但不属于货物发生损坏的表征，并不代表货物表面状况不良。法律并未规定承运人对运输货物的内在品质负有批注义务，故酒糟的颜色并非承运人法定的批注范围。且托运人在订舱时未向帕某海运公司特别申报案涉货物的颜色要求，即使案涉货物在装运港呈现不同颜色，帕某海运公司及其代理人接收货物并签发记载“装船时货物外表状况良好”的清洁提单也并无不当。

综上所述，某牧实业公司要求帕某海运公司承担未如实批注责任，缺乏事实和法律依据，帕某海运公司对此不应承担赔偿责任。

相关法条

《中华人民共和国海商法》第 46 条、第 76 条

指导性案例 233 号

常州宏某石化仓储有限公司等诉宁波天某海运有限公司船舶触碰损害责任纠纷案

（最高人民法院审判委员会讨论通过　2024 年 11 月 25 日发布）

关键词　民事　船舶触碰损害责任　海事赔偿责任限制基金　限制性债权　码头营运损失　优先受偿

裁判要点

对船舶触碰造成码头财产损坏及由此引起的码头营运损失等相应损失的赔偿请求，根据《中华人民共和国海商法》（以下简称海商法）第二百零七条第一款第一项的规定，责任人可以限制赔偿责任；上述赔偿请求中，根据海商法第二百一十条第一款第四项的规定，可以优先受偿的仅指造成码头财产损坏的赔偿请求，并不包括由此引起的码头营运损失的赔偿请求。

基本案情

2017年7月5日20点左右，宁波天某海运有限公司（以下简称宁波天某海运公司）经营的“天某18”轮装载水渣48810吨从河北京唐港启航，驶往江苏常州港。2017年7月9日22点左右，“天某18”轮船首与靠泊在常州某润化工长江码头（以下简称某润码头）3#泊位的“双某海”轮右舷中后部发生碰撞。在“双某海”轮的挤压下，导致常州宏某石化仓储有限公司（以下简称常州宏某仓储公司）所属的某润码头部分坍塌、管线撕裂，管线内气液泄漏并爆燃。2017年12月25日，常州海事局作出《水上交通事故调查结论书》，认定“天某18”轮负事故的全部责任。因案涉船舶触碰事故，常州宏某仓储公司支付码头修复费约人民币69247776.87元（以下币种同），造成码头营运损失约65844974元，并支付抢险施救费等费用。

事故发生后，案涉码头的保险人华某财产保险有限公司江苏省分公司（以下简称华某保险江苏分公司）先后向常州宏某仓储公司支付保险赔款55380000元。此后，常州宏某仓储公司同意将已取得保险赔款部分保险标的的一切权益转让给华某保险江苏分公司。

2017年7月31日，宁波天某海运公司向武汉海事法院申请设立海事赔偿责任限制基金。2017年9月28日，常州宏某仓储公司向武汉海事法院申请对案涉债权予以登记。2017年12月27日，武汉海事法院作出（2017）鄂72民特39号民事裁定，准许宁波天某海运公司设立数额为 2442041 特别提款权及其利息的海事赔偿责任限制基金。常州宏某仓储公司不服，提起上诉。2018 年 5 月 7 日，湖北省高级人民法院作出（2018）鄂民终 619 号民事裁定，维持武汉海事法院民事裁定。后宁波天某海运公司通过提供现金及担保的方式，在武汉海事法院依法设立海事赔偿责任限制基金。2018 年 7 月 27 日，武汉海事法院作出（2017）鄂 72 民特 59 号之二民事裁定书，裁定准许常州宏某仓储公司的债权登记申请。

2017 年 8 月 24 日，常州宏某仓储公司等向武汉海事法院提起诉讼，请求判令：宁波天某海运公司赔偿案涉事故造成的各项损失；受损码头修复费和码头营运损失较其他非人身伤亡赔偿请求债权在宁波天某海运公司设立的海事赔偿责任限制基金数额内优先受偿。华某保险江苏分公司申请作为共同原告参加本案诉讼，请求判令：宁波天某海运公司赔偿码头损坏修复费用 55380000 元及利息；前述诉请债权较其他非人身伤亡赔偿请求在宁波天某海运公司设立的海事赔偿责任限制基金内优先受偿。

裁判结果

武汉海事法院于 2020 年 7 月 29 日作出（2017）鄂 72 民初 1563 号民事判决：一、宁波天某海运有限公司赔偿常州宏某石化仓储有限公司码头修复费损失人民币 13867776. 87 元及利息；二、宁波天某海运有限公司赔偿华某财产保险有限公司江苏省分公司码头修复费损失人民币 55380000 元及利息；三、宁波天某海运有限公司赔偿常州宏某石化仓储有限公司海难救助费损失人民币 1468480 元及利息；四、宁波天某海运有限公司赔偿华某财产保险有限公司江苏省分公司海难救助费损失人民币 3700000 元及利息；五、驳回常州宏某石化仓储有限公司的其他诉讼请求；六、驳回华某财产保险有限公司江苏省分公司的其他诉讼请求。上述赔款在判决生效后十日内一次付清，在宁波天某海运有限公司设立的海事赔偿责任限制基金中进行分配，其中第一项、第二项赔款在基金分配过程中应予以优先受偿。

一审宣判后，常州宏某石化仓储有限公司不服，提起上诉，请求依法撤销一审判决，判令宁波天某海运有限公司赔偿常州宏某石化仓储有限公司码头营运损失 65844974 元及利息，并判令该项债权在宁波天某海运有限公司设立的海事赔偿责任限制基金中优先受偿。湖北省高级人民法院经审理认为，常州宏某石化仓储有限公司关于码头营运损失及利息的请求，具有事实和法律依据，应予支持；但其关于该项债权应当在海事赔偿责任限制基金中优先受偿的请求，于法无据，不予支持。鉴此，湖北省高级人民法院于 2021 年 8 月 11 日作出（2021）鄂民终 15 号民事判决：一、撤销武汉海事法院（2017）鄂 72 民初 1563 号民事判决；二、宁波天某海运有限公司赔偿常州宏某石化仓储有限公司码头修复费损失人民币 13867776. 87 元及利息；三、宁波天某海运有限公司赔偿华某财产保险有限公司江苏省分公司码头修复费损失人民币 55380000 元及利息；四、宁波天某海运有限公司赔偿常州宏某石化仓储有限公司海难救助费损失人民币 1468480 元及利息；五、宁波天某海运有限公司赔偿华某财产保险有限公司江苏省分公司海难救助费损失人民币 3700000 元及利息；六、宁波天某海运有限公司赔偿常州宏某石化仓储有限公司码头营运损失人民币 65844974 元及利息；七、驳回常州宏某石化仓储有限公司的其他诉讼请求；八、驳回华某财产保险有限公司江苏省分公司的其他诉讼请求。上述赔款在宁波天某海运有限公司设立的海事赔偿责任限制基金中进行分配，其中第二项、第三项赔款在基金分配过程中应予以优先受偿。

裁判理由

海事赔偿责任限制是海商法特有的法律制度之一，是指发生海损事故给他人造成财产损失或者人身伤亡时，作为责任人的船舶所有人、经营人和承租人等可依据法律的规定，将其赔偿责任限制在一定限额内的赔偿制度。海商法第二百零七条对责任人可以限制赔偿责任的限制性债权范围作出了明确规定。该条第一款第一项规定，在船上发生的或者与船舶营运、救助作业直接相关的人身伤亡或者财产的灭失、损坏，包括对港口工程、港池、航道和助航设施造成的损坏，以及由此引起的相应损失的赔偿请求，责任人可以限制赔偿责任。本案中，案涉船舶触碰事故造成常州宏某仓储公司的损失，常州宏某仓储公司有权要求责任人承担赔偿责任。华某保险江苏分公司作为案涉码头保险人，在对常州宏某仓储公司履行相应保险赔偿义务后，亦有权在保险赔偿范围内要求责任人承担赔偿责任。常州宏某仓储公司和华某保险江苏分公司的赔偿请求包括码头修复费、抢险施救费及因码头严重受损，不能正常经营导致的码头营运损失，均属于上述法律规定的限制性债权，故责任人宁波天某海运公司有权依照该条规定限制赔偿责任。

海事赔偿责任限额是责任主体依法对人身伤亡、非人身伤亡等所有限制性债权的最高赔偿额。海商法第二百一十条对海事赔偿责任限额的计算标准及各类限制性债权的受偿顺序作出了规定。该条第一款第四项规定："在不影响第（三）项关于人身伤亡赔偿请求的情况下，就港口工程、港池、航道和助航设施的损害提出的赔偿请求，应当较第（二）项中的其他赔偿请求优先受偿。"根据上述规定，在非人身伤亡的限制性赔偿请求中，就港口工程、港池、航道和助航设施的损害提出的赔偿请求，可以优先于其他赔偿请求受偿。该条规定中的损害仅指因事故造成港口工程、港池、航道和助航设施的直接财产损害，并不包括因事故引起的其他相应损失。据此，就本案而言，对案涉触碰事故造成码头修复费用的赔偿请求可以优先受偿，而对事故造成码头营运损失的赔偿请求不能优先受偿。

综上所述，常州宏某仓储公司在本案中请求赔偿的码头营运损失应当在宁波天某海运公司设立的海事赔偿责任限制基金中受偿，但不能优先于非人身伤亡的其他赔偿请求受偿。

相关法条

《中华人民共和国海商法》第207条、第210条

指导性案例234号

南京华某船务有限公司申请设立海事赔偿责任限制基金案

（最高人民法院审判委员会讨论通过　2024年11月25日发布）

关键词　民事　申请设立海事赔偿责任限制基金　基金数额　远洋运输船舶　沿海运输船舶

裁判要点

同一海事事故中当事船舶的海事赔偿限额，有应当依照《中华人民共和国海商法》（以下简称海商法）第二百一十条第一款或者《关于不满300总吨船舶及沿海运输、沿海作业船舶海事赔偿限额的规定》（以下简称《责任限额规定》）第三条规定计算的，无论该船舶是否申请设立海事赔偿责任限制基金或者主张海事赔偿责任限制，其他当事船舶的海事赔偿限额均不适用《责任限额规定》第四条的规定。

基本案情

南京华某船务有限公司（以下简称南京华某船务公司）所有的“华某洲”轮为从事国内沿海及长江中下游普通货船运输的海船（2986总吨）。2020年11月21日，“华某洲”轮与万某航运（新加坡）有限公司所有的新加坡籍“某春”轮（27800总吨）在珠江口32#锚地水域附近发生碰撞，造成两船部分损害，“某春”轮船载集装箱及货物部分落水。

2020年12月28日，南京华某船务公司就“华某洲”轮与“某春”轮的碰撞事故可能引起的所有非人身伤亡的赔偿责任，依照《责任限

额规定》第四条的规定，向广州海事法院申请设立291081特别提款权的海事赔偿责任限制基金（按照赔偿限额的50%计算）。万某航运（新加坡）有限公司未申请设立海事赔偿责任限制基金。

广州海事局、万某航运（新加坡）有限公司对南京华某船务公司的主体资格和事故所涉及的债权性质未提出异议，但对海事赔偿责任限制基金数额提出异议，认为案涉事故的当事船舶之一“某春”轮为新加坡籍船舶，事故航次为新加坡至中国广州南沙港，根据《责任限额规定》第五条的规定，“华某洲”轮应当适用海商法第二百一十条第一款规定的标准计算海事赔偿责任限制基金的数额，不能适用《责任限额规定》第四条关于按照赔偿限额的50%计算的规定，故南京华某船务公司申请海事赔偿责任限制基金限额应当设定为582162特别提款权及相应利息。

裁判结果

广州海事法院于2021年4月2日作出（2021）粤72民特5号民事裁定：一、准许申请人南京华某船务有限公司提出的设立海事赔偿责任限制基金的申请；二、海事赔偿责任限制基金数额为582162特别提款权及利息；三、申请人南京华某船务有限公司应在本裁定生效之日起三日内以人民币或本院认可的担保设立海事赔偿责任限制基金。逾期不设立基金的，按自动撤回申请处理。裁定作出后，各方当事人均未提起上诉，裁定已发生法律效力。

裁判理由

本案为申请设立海事赔偿责任限制基金案件，争议焦点为：“华某洲”轮设立基金的数额是否应当按照海商法第二百一十条第一款规定的海事赔偿责任限额的50%计算。

海事赔偿责任限额是责任主体依法对人身伤亡、非人身伤亡等所有限制性债权的最高赔偿额。海商法第二百一十条第一款对总吨位300吨以上远洋运输船舶海事赔偿限额的计算规则作了明确规定，即按照不同吨位适用不同标准。在此基础上，海商法第二百一十条第二款规定："总吨位不满300吨的船舶，从事中华人民共和国港口之间的运输的船舶，以及从事沿海作业的船舶，其赔偿限额由国务院交通主管部门制定，报国务院批准后施行。"据此，经国务院批准，原交通部于1993年11月印发《责任限额规定》，对不满300总吨远洋运输船舶的赔偿限额计算标准作出规定，并在第四条规定了从事中华人民共和国港口之间的沿海货物运输或沿海作业船舶的海事赔偿责任限额按照远洋运输船舶责任限额的50%计算的特别规则。同时，对于在同一事故中既有远洋运输船舶，又有沿海运输或作业船舶的，《责任限额规定》第五条规定："同一事故中的当事船舶的海事赔偿限额，有适用《中华人民共和国海商法》第二百一十条或者本规定第三条规定的，其他当事船舶的海事赔偿限额应当同样适用。"该条规定实际确立了"就高不就低"的规则，旨在实现对同一事故当事人的平等保护。据此，只要同一事故中的当事船舶系适用海商法第二百一十条第一款或者《责任限额规定》第三条规定计算责任限额的船舶，无论其是否申请设立海事赔偿责任限制基金或者主张海事赔偿责任限制，该事故中其他从事中华人民共和国港口之间货物运输或者沿海作业的当事船舶也应当按照吨位适用同样的规定计算海事赔偿限额，不能再适用《责任限额规定》第四条关于按照赔偿限额的50%计算的规定。

本案中，案涉海事事故为"华某洲"轮与"某春"轮发生碰撞。"华某洲"轮为从事国内沿海及长江中下游普通货船运输的海船，"某春"轮为新加坡籍船舶，且事故航次为新加坡至中国广州南沙港。"某春"轮为300总吨以上的远洋船舶，属于应当依照海商法第二百一十条第一款规定确定赔偿限额的船舶。无论"某春"轮是否申请设立海事赔偿责任限制基金或者援引海事赔偿责任限制抗辩，"华某洲"轮的海事赔偿限额均应当按照其吨位计算，不能按照赔偿限额的50%计算。据此，由于"华某洲"轮为300总吨以上的船舶，故"华某洲"轮的海事赔偿限额应当与“某春”轮同样适用海商法第二百一十条第一款的规定。

综上所述，对于广州海事局和万某航运（新加坡）有限公司提出的南京华某船务公司无权依照《责任限额规定》第四条计算责任限额的异议，人民法院依法予以支持。

相关法条

《中华人民共和国海商法》第 210 条

《关于不满 300 总吨船舶及沿海运输、沿海作业船舶海事赔偿限额的规定》（交通部令 1993 年第 5 号）第 3 条、第 4 条、第 5 条

指导性案例 235 号

S 航运有限公司申请承认外国法院民事判决案

（最高人民法院审判委员会讨论通过　2024 年 11 月 25 日发布）

关键词　民事　申请承认外国法院民事判决　互惠关系　个案审查　事实互惠　法律互惠

裁判要点

人民法院对申请或者请求承认和执行外国法院民事判决、裁定进行审查，认定是否存在互惠关系时，不以相关外国法院对人民法院民事判决、裁定先行给予承认和执行为必要条件。如果根据相关国家的法律，人民法院作出的民事判决、裁定可以得到该国法院承认和执行，且该国没有以不存在互惠关系为由拒绝承认和执行人民法院判决、裁定先例的，可以认定我国与该国存在承认和执行民事判决、裁定的互惠关系。

基本案情

2010 年 3 月 5 日，S 航运有限公司与某华（香港）轮船公司签订 3

份定期租船合同，将3艘船舶出租给某华（香港）轮船公司。2010年3月25日，某华物流控股（集团）有限公司（以下简称某华物流公司）向S航运有限公司出具3份保函，为某华（香港）轮船公司履行上述租船合同提供担保。3份保函均约定适用英国法，诉讼提交位于伦敦的英国高等法院审理。因某华（香港）轮船公司迟延支付租金，S航运有限公司依据保函约定向英国高等法院对某华物流公司提起诉讼。某华物流公司到庭应诉。2015年3月18日，英国高等法院作出（2015）EWHC 718（Comm）号判决，支持S航运有限公司的诉求。此后英国高等法院又对债权数额和诉讼费用等作出核定，分别于2015年4月27日和2016年10月3日作出命令、2016年11月1日作出最终费用证书、2018年5月17日作出修正命令。某华物流公司不服，向英国上诉法院提出上诉。2016年10月7日，英国上诉法院作出（2016）EWCA Civ 982号判决，对某华物流公司的上诉予以驳回。此后英国上诉法院又于2016年10月7日和2017年5月8日作出命令。某华物流公司未履行生效裁判确定的义务。S航运有限公司遂请求我国法院裁定承认英国高等法院、英国上诉法院的上述判决，以及相关一系列法院命令。某华物流公司辩称：我国与英国未缔结或参加相互承认和执行法院判决、裁定的国际条约，也未建立相应的互惠关系。

裁判结果

上海海事法院于2022年3月17日作出（2018）沪72协外认1号民事裁定：承认英国高等法院于2015年3月18日作出的（2015）EWHC 718（Comm）号判决及其在该案下于2015年4月27日、2016年10月3日作出的命令、2016年11月1日作出的最终费用证书和2018年5月17日作出的修正命令；承认英国上诉法院于2016年10月7日作出的（2016）EWCA Civ 982号判决及其在该案下于2016年10月7日、2017年5月8日作出的命令。

裁判理由

本案系申请承认外国法院民事判决案。根据《中华人民共和国民事诉讼法》（2021 年修正，以下简称民事诉讼法）第二百八十九条的规定，人民法院对申请或者请求承认和执行的外国法院作出的发生法律效力的判决、裁定，依照中华人民共和国缔结或者参加的国际条约，或者按照互惠原则进行审查。由于我国与英国之间尚没有缔结或者参加相互承认和执行法院民事判决、裁定的国际条约，故应当以互惠原则作为是否承认英国法院判决的审查依据。

互惠原则是国际私法中平等互利原则的具体体现。我国民事诉讼法并未将互惠原则限定为必须是相关外国法院对我国法院民事判决、裁定先行承认和执行。当然，如果相关外国法院已有对我国法院民事判决、裁定予以承认和执行的先例，自然可以认定我国与该国存在承认和执行民事判决、裁定的事实互惠关系。然而，即便没有承认和执行我国民事判决、裁定的先例，但如果根据作出判决的外国法院所在国的法律，其承认和执行他国法院判决、裁定的条件与我国法律规定的条件实质相同或者更为宽松，则可以认定我国法院作出的民事判决、裁定在同等情形下可以得到该国法院的承认和执行。在此前提下，如果该国法院没有以不存在互惠关系为由拒绝承认和执行我国法院民事判决、裁定先例的，可以认定我国与该国存在法律上的互惠关系。

就本案而言，申请人 S 航运有限公司未举证英国法院有承认和执行我国法院民事判决、裁定的先例，不能证明我国与英国存在承认和执行民事判决、裁定的事实互惠关系。但是，从英国法院具体操作来看，外国法院的判决、裁定在英国寻求承认和执行时，需按英国的普通法规则，以外国法院的判决、裁定为依据，在英国法院重新提起诉讼；如果符合承认和执行的条件，英国法院将作出一个与原判决基本一致的判决，再按英国法规定的执行程序予以执行。这也是英美法系国家的惯常做法。根据英国法律，其并不以存在相关条约作为承认和执行外国法院判决、裁定的必要条件，并无证据证明我国法院判决、裁定在英国法院承认和执行存在法律障碍，亦未发现英国法院曾以不存在互惠关系为由不予承认和执行我国法院判决、裁定，故可以认定我国与英国存在法律上的互惠关系。案涉英国法院判决并不存在违反我国法律基本原则或者损害我国国家主权、安全、社会公共利益的情形。

综上所述，尽管我国与英国没有缔结或者参加相互承认和执行法院民事判决、裁定的国际条约，但本案可以根据互惠原则对案涉英国法院判决予以承认。

本案裁定承认英国法院判决后，英国高等法院于2022年12月对我国浙江杭州法院的两起判决予以承认。

相关法条

《中华人民共和国民事诉讼法》第299条（本案适用的是2021年修正的《中华人民共和国民事诉讼法》第289条）

指导性案例236号

环某船舶租赁有限责任公司诉天某财富有限公司船舶碰撞损害责任纠纷案

（最高人民法院审判委员会讨论通过　2024年11月25日发布）

关键词　民事　船舶碰撞损害责任　涉外　协议选择　准据法

裁判要点

根据《中华人民共和国涉外民事关系法律适用法》（以下简称涉外民事关系法律适用法）第四十四条的规定，涉外船舶碰撞损害责任纠纷案件当事人在船舶碰撞事故发生后协议选择适用法律的，按照其协议确定纠纷适用的准据法。

基本案情

2022 年 9 月 27 日，天某财富有限公司所属的“某风”轮（巴拿马籍油轮），在马六甲海峡追越环某船舶租赁有限责任公司（以下简称环某船舶公司）所属的“某娅”轮（利比里亚籍集装箱轮）过程中，因“某风”轮舵机故障并操纵不当，导致两轮发生碰撞。2022 年 12 月，环某船舶公司向宁波海事法院申请扣押正在宁波舟山港维修的“某风”轮，并于 2023 年 1 月提起诉讼，请求判令天某财富有限公司赔偿船体损失、船期损失等合计人民币 58108824. 77 元及利息。天某财富有限公司提起反诉，请求判令环某船舶公司赔偿其各项损失人民币 38115057. 62 元及利息。宁波海事法院将本诉与反诉合并审理。庭审中，原告、被告一致选择适用中国法律。

裁判结果

宁波海事法院适用中国法律对案件进行审理，并于 2024 年 2 月 7 日作出（2023）浙 72 民初 314 号民事判决：一、天某财富有限公司赔偿环某船舶租赁有限责任公司损失人民币 37182079. 93 元；二、环某船舶租赁有限责任公司赔偿天某财富有限公司损失人民币 3094472. 96 元；三、上述两项相抵，天某财富有限公司应于本判决生效之日起十日内赔偿环某船舶租赁有限责任公司损失人民币 34087606. 97 元及利息损失；四、天某财富有限公司应于本判决生效之日起十日内向环某船舶租赁有限责任公司支付诉前保全申请费人民币 4500 元；五、驳回环某船舶租赁有限责任公司的其他诉讼请求；六、驳回天某财富有限公司的其他反诉请求。一审宣判后，双方当事人均未提起上诉，判决已发生法律效力，且天某财富有限公司已经主动履行判决义务。

裁判理由

本案系涉外船舶碰撞损害责任纠纷。宁波海事法院根据环某船舶公司的申请，依据《中华人民共和国海事诉讼特别程序法》相关规定扣押了“某风”轮。该法第十九条规定：“海事请求保全执行后，有关海事纠纷未进入诉讼或者仲裁程序的，当事人就该海事请求，可以向采取海事请求保全的海事法院或者其他有管辖权的海事法院提起诉讼，但当事人之间订有诉讼管辖协议或者仲裁协议的除外。”环某船舶公司据此向宁波海事法院提起诉讼，宁波海事法院对本案具有管辖权。

《中华人民共和国海商法》（以下简称海商法）第二百七十三条第一款规定：“船舶碰撞的损害赔偿，适用侵权行为地法律。”涉外民事关系法律适用法第四十四条规定：“侵权责任，适用侵权行为地法律，但当事人有共同经常居所地的，适用共同经常居所地法律。侵权行为发生后，当事人协议选择适用法律的，按照其协议。”虽然海商法作为特别法，没有明确规定船舶碰撞纠纷当事人可以选择适用法律，但涉外民事关系法律适用法对当事人选择侵权责任适用的法律作了明确规定。故船舶碰撞纠纷当事人选择适用法律并不属于选择无效的情形。就本案而言，双方当事人均系在马绍尔群岛共和国注册的公司，案涉两船船籍国分别为巴拿马和利比里亚。庭审中，原告、被告一致提出本案侵权责任纠纷适用中国法律。由于涉外民事关系法律适用法已对当事人协议选择侵权责任适用法律作了明确规定，故应当认定本案原告、被告双方适用中国法律的选择有效。

相关法条

《中华人民共和国涉外民事关系法律适用法》第 3 条、第 44 条

《中华人民共和国海商法》第 273 条

《中华人民共和国海事诉讼特别程序法》第 19 条

最高人民法院民四庭、研究室负责人就海事审判专题指导性案例答记者问

在海事法院成立 40 周年之际，最高人民法院发布第 41 批指导性案例（指导性案例 230—236 号）。这是最高人民法院首次发布海事审判专题指导性案例。为便于社会各界和各级人民法院全面准确理解本批专题指导性案例的内容和精神，最高人民法院民四庭、研究室负责人回答了记者提问。

问：请介绍一下首批海事审判专题指导性案例有哪些鲜明特色。

答：自 1984 年设立第一批海事法院以来，在党中央的坚强领导下，经过 40 年的发展，中国海事审判从无到有，由弱到强，积极服务保障高水平对外开放和海洋强国建设，取得令人瞩目的成就，已成为中国涉外审判的闪亮名片。在这个具有特殊意义的时间节点，最高人民法院专门发布首批海事审判专题指导性案例，既是 40 年海事审判的经验成果，也是推动健全具有中国特色、顺应国际趋势的海事法律制度的重要举措，具有重要意义。总体看，本批指导性案例具有以下几个方面的特点。

一是案件类型多样。本批指导性案例涵括范围较广，涉及实际托运人责任、承运人提单批注、海难救助费用支付、海事赔偿责任限额的确定、涉外船舶碰撞案件法律适用以及互惠原则的适用等方面，关系航运、贸易、港口建设等领域，具有鲜明的海事特点，专业性强，对于集中解决海事审判中带有普遍性的疑难争议问题、统一法律适用和裁判标

准具有指引意义。

二是案例效力较高。根据人民法院组织法的规定，对于最高人民法院发布的指导性案例，各级人民法院审判类似案件时应当参照，且在裁判文书中的裁判理由部分可以引述相关指导性案例。本批案例的发布，有利于指导全国海事审判条线更加公正高效地审理海事案件，为高水平对外开放和海洋强国建设提供有力司法保障。

三是案例意义重大。本批指导性案例涉及对我国海商法以及相关国际公约的理解与适用，统一裁判尺度有利于规范国际国内航运贸易秩序，有利于向国际海洋治理贡献中国海事司法智慧，将在推动完善海事法律适用规则体系方面发挥积极、重要的作用。

问：请介绍一下首批海事审判专题指导性案例选取的主要考虑。

答：本批海事审判专题指导性案例的编选主要基于如下三个方面的考虑。

一是通过司法案例彰显中国海事司法的国际化程度。海事审判专业性强、涉外因素多、法律适用国际化程度高。海商法属于民商事特别法，如何与民法典、涉外民事关系法律适用法等相关法律衔接适用，是司法实践中的难点问题。S航运有限公司申请承认外国法院民事判决案明确适用法律互惠原则承认外国法院民事判决的审查标准，解释了民事诉讼法互惠原则的适用规则，对促进国际民商事判决跨国执行具有重要意义。环某船舶租赁有限责任公司诉天某财富有限公司船舶碰撞损害责任纠纷案准确解读海商法第二百七十三条与涉外民事法律关系适用法第四十四条之间的关系，有利于体现中国法律的域外适用，彰显中国海事法律的国际影响力。

二是通过案例指导减少海商法适用中的分歧。海商法作为调整海上运输关系与船舶关系的特别法，在起草过程中充分借鉴吸收了国际公约、国际惯例和外国法律的有益经验，具有专业性、特殊性和国际性等特点。由于制定时间较早，加之经济社会发展较快，司法实践对法律条文的理解存在一定分歧，影响了裁判尺度的统一。新某航运有限公司诉中国机某国际合作股份有限公司海上货物运输合同纠纷案在海商法立法精神的基础上进一步细化契约托运人与实际托运人的责任区分，明确实际托运人不承担目的港因无人提货产生的费用与风险，有利于保障海商法正确、统一适用。东莞市丰某海运有限公司诉东营市鑫某物流有限责任公司海难救助纠纷案明确了同一船舶所有人的船舶之间进行救助时，参与救助的船舶应当视为独立救助方，其获得的救助款项不因遇险船舶对海事事故的过失而被取消或者减少，对于丰富《1989年国际救助公约》的解释原则具有重要参考价值。常州宏某石化仓储有限公司等诉宁波天某海运有限公司船舶触碰损害责任纠纷案准确理解国际公约的立法本意，厘清海事赔偿责任限制制度中优先受偿的限制性债权范围，在对港口、航道等设施优先保护的同时，也体现了与其他海事赔偿请求权人利益的平衡。海商法第十一章采用了海事赔偿责任限额“双轨制”，对我国从事沿海运输与沿海作业企业给予扶持和保护，但司法实践对相关规则存在不同认识。对此，南京华某船务有限公司申请设立海事赔偿责任限制基金案准确理解立法原意，明确同一海事事故中当事船舶适用“就高不就低”的原则，有利于统一人民法院适用海事赔偿责任限额“双轨制”的司法裁判尺度。

三是通过案例指引持续规范国际海上货物运输活动。海运是全球供应链的核心，全球90%以上的货物是通过海上运输完成的。我国既是贸易大国，也是航运大国。在我国海事司法实践中，海上货物运输合同纠纷占比很高，通过指导性案例明确裁判规则，有利于更好地引领和规范国际海上货物运输活动。承运人签发提单是海上货物运输中的核心环节，提单记载所形成的证据效力对于海上货物索赔至关重要。对此，某牧实业股份有限公司诉帕某海运公司海上货物运输合同纠纷案明确了承运人对于货物表面状况是否正确批注的判断标准，对于规范承运人签发提单行为、维护海上货物运输交易安全具有积极意义。

问：《新某航运有限公司诉中国机某国际合作股份有限公司海上货物运输合同纠纷案》（指导性案例 230 号）是一起涉及 FOB 价格条件下卖方的案件。请您谈谈如何平衡 FOB 价格条件下船货双方的利益。

答：我国现行海商法借鉴了《汉堡规则》关于托运人的制度设计，将实际交付货物的托运人与契约托运人均纳入“托运人”的概念之中，但并未对两种托运人在海上货物运输合同中的具体义务、责任作明确区分。遵循立法精神，人民法院对此不断探索并取得了积极成果，为法律制度完善积累了司法经验。目前正在起草的海商法修订草案已将实际托运人权利义务作为讨论和修改的重点。

我国出口货物大多采用 FOB 价格条件成交，国内 FOB 价格条件下卖方在向承运人交付货物后，无法根据运输合同控制在承运人掌管下的货物，如果在交单结汇环节出现障碍，收货人拒付货款，则该卖方很可能面临“钱货两空”局面。为保护 FOB 价格条件下卖方的利益，海商法将其规定在运输合同“托运人”的概念之下，《最高人民法院关于审理海上货运代理纠纷案件若干问题的规定》对 FOB 价格条件下卖方有权请求货运代理企业交付其取得的提单作出规定，以便 FOB 价格条件下卖方能够在买方付款前控制运输中的货物。然而，在国际海上货物运输中常见的目的港无人提货纠纷中，承运人为弥补损失，有时并不向与其订立海上货物运输合同的契约托运人（FOB 价格条件下买方）主张权利，而是转而向交付货物的实际托运人（FOB 价格条件下卖方）主张权利。对此，司法实践中裁判标准并不统一。

本案准确适用海商法第四十二条关于托运人的规定，对实际托运人与契约托运人在海上货物运输合同中的责任予以区分，即在收货人没有向承运人主张提货或者行使其他权利的情况下，因目的港无人提货而产生的费用和风险应当由契约托运人承担，而不应由实际托运人承担。这就公平合理地界定了承运人与契约托运人、实际托运人之间的权利义务关系，对类案裁判具有重要指导意义。

问：《东莞市丰某海运有限公司诉东营市鑫某物流有限责任公司海难救助纠纷案》（指导性案例 231 号）是一起涉及海难救助的案件。请您谈谈该案的裁判思路。

答：海难救助制度是海上运输中古老的法律制度，也是海商法中特有的法律制度。海难救助制度以公平、公共利益和鼓励救助为基本原则，以救助报酬的关系为核心内容。在民法领域，船舶不是独立的民事法律主体。但在海商法领域，不能完全按照传统民法的思路处理海难救助案件。我国海商法第九章海难救助制度是参照《1989 年国际救助公约》制定的，吸收了传统的海难救助法原理和原则，故对相关条款的理解应当充分考虑公约的立法本意和海难救助制度的特点。为了鼓励同一船舶所有人的船舶参与海难救助，避免不公平地剥夺施救船员应得的救助款项，以及公平对待各船舶保险人的利益，海商法第一百九十一条规定了同一船舶所有人的船舶之间的海难救助同样可以产生救助款项请求权。但是，如果被救助方对造成海难救助的事故负有责任，救助方的救助款项是否应当因其与被救助方为同一船舶所有人所有而被取消或者减少，司法实践中存在不同认识。一种观点认为，被救助的货主有权依据该条规定取消或减少向救助方支付的救助款项；另一种观点认为，救助方的救助款项不应被取消或减少。因此，本案一审、二审判决结果截然不同。本案再审审查裁定在维持二审判决结果的基础上，进一步论述了救助方获取救助款项的理由和依据，明确了在同一船舶所有人的船舶之间进行海难救助的情况下，参与救助的船舶应当被视为一个独立的救助方，只要该船舶不存在海商法第一百八十七条规定的情形，其救助款项不应当因与其属同一船舶所有人的遇险船舶在海难事故中的过错而被取消或者减少。

需要说明的是，海难救助纠纷通常涉及船方、货方、保险人、救助人等多方主体利益，涉及关联纠纷包括船舶碰撞、海上保险、海上货物运输等多种类型，可能涉及诉讼、仲裁等多种争议解决方式，并可能存在不同的管辖法院。人民法院在受理其中部分纠纷后，不能就案办案，应当秉持案结事了政通人和的理念，争取在审理或者执行阶段采用一揽子解决的方式实质性化解所有矛盾纠纷，避免“一案结、多案生”和“程序空转”，减轻当事人讼累，体现海事司法促推社会治理的重要作用。

问：《S 航运有限公司申请承认外国法院民事判决案》（指导性案例 235 号）是一起涉及承认外国法院民事判决的案件。请您谈谈该案的指导意义。

答：本案是一起申请承认英国法院民事判决案。根据我国民事诉讼法的规定，若该国与我国之间有相关国际条约的，依照条约审查；没有条约的，按照互惠原则进行审查。互惠原则是国际私法中平等互利原则的具体体现。对于如何查明互惠、如何适用互惠原则，我国法律并没有明确规定。在相当长一段时间内，司法实践采取较为保守的事实互惠立场，对互惠原则的理解和掌握都是以对方国家是否曾经承认和执行过我国法院判决为判断依据。该实践标准客观上导致的结果是，与我国未签订国际司法协助条约的国家，如果没有承认人民法院判决的先例，该国法院的判决可能无法在人民法院得到承认和执行。

随着我国扩大对外开放、“一带一路”倡议深入实施，国际上相互承认和执行法院民事判决的现实需求呈增长趋势，发挥互惠原则内在的激励支持功能，提高司法效率并保证法院民事判决的稳定性，显得尤为迫切。在此背景下，积极促成互惠关系逐步成为我国承认和执行外国法院民事判决的司法政策导向。

本案确立了与事实互惠不同的法律互惠原则和标准：即便没有承认和执行人民法院民事判决的先例，只要根据作出判决的外国法院所在国的法律，其承认和执行他国法院判决的条件与我国法律规定的条件实质相同或者更为宽松，就可以认定人民法院作出的民事判决在同等情形下可以得到该国法院的承认和执行；如果该国没有以不存在互惠关系为由拒绝承认和执行人民法院判决、裁定的先例，就可以认定我国与该国存在法律上的互惠关系。此案确立的原则有力推动了互惠原则在我国司法实践中的新发展，对类案处理具有很好的指导意义。同时，本案营造了健康向好的判决跨境执行环境，进一步增强了我国同世界各国间的司法协助互信基础。此案裁定后，英国法院也承认和执行了我国法院的两个民事判决。

问：这是最高人民法院首次发布海事审判专题指导性案例。下一步，最高人民法院对做好海事审判工作有何考虑？

答：海事审判直接服务于外贸航运、海洋开发，事关国家司法主权、海洋权益，肩负着服务保障海洋强国建设的重要任务。最高人民法院将以本专题指导性案例的发布为契机，充分发挥审判职能作用，深入实施精品战略，不断提升海事审判质效，为服务保障高水平对外开放和海洋强国建设提供有力司法服务和保障。

一是要进一步推动完善海事法律体系建设。海事审判取得的成就与我国海事法律制度体系的不断完善密不可分。随着时代的发展，海事司法实践中出现许多新情况、新问题，对海事法律制度不断提出新的需求。2024年11月4日，十四届全国人大常委会第十二次会议审议了国务院提请的海商法修订草案。海事诉讼特别程序法的修改也已经列入十四届全国人大常委会立法规划中的第二类项目并由最高人民法院牵头起草。最高人民法院将充分运用海事审判丰富的实践经验，继续积极参与海商法修订，深入推进海事诉讼特别程序法修改重大疑难问题研究，加快修订草案的形成，推动健全具有中国特色、顺应国际趋势的海事法律制度，更好适应高水平对外开放、畅通国内国际双循环的需求。

二是要进一步加强审判指导、提升审判质效。指导海事法院及各高级人民法院严格落实法律、司法解释、司法政策的规定，准确把握本批专题指导性案例的要旨和精神，切实做好相关案件的审判工作。与此同时，要围绕司法实践中出现的法律适用问题，有针对性地加强调研，适时出台司法解释、司法政策，用足用好人民法院案例库、法答网，加强业务培训，强化审判管理，明确裁判标准、统一裁判尺度，不断提升海事审判质量、效率和效果。

三是要进一步打造国际海事纠纷解决优选地。公正、高效、便捷解决涉外海事纠纷是国际海事法治竞争力的重要标志。中国海事审判许多案例已经成为国际航运界、海事司法界关注和研究亚太地区海事司法动态的重要参考，充分彰显了我国海事司法的国际公信力与影响力。全国海事审判三级法院将继续深化实施精品战略，恪守国际条约义务，尊重当事人意思自治，准确适用准据法，公正高效审理涉外海事案件，平等保护中外当事人合法权益，通过标杆性精品海事案例确立规则、提升影响力，努力打造国际海事纠纷解决优选地。

（来源：最高人民法院网站）

最高人民法院第41批指导性案例的理解与参照

专题指导性案例编写工作组*

一、第41批指导性案例的编选背景

自1984年来，伴随着改革开放而设立的跨行政区域专门法院——海事法院已经设立40周年。40年来我国的海事审判从无到有，从弱到

* 最高人民法院第41批指导性案例（指导性案例230—236号，海事审判专题）编写工作组由最高人民法院研究室主任周加海、民四庭庭长沈红雨牵头，民四庭胡方、马玲和研究室喻海松、贾玉慧、马蓓蓓参与。

强，不断发展壮大，取得瞩目成就。海事审判的审判职能不断拓展，体制机制不断健全，规则体系不断完善。我国已经成为世界上海事审判机构最齐全、受理海事案件数量最多、类型最丰富的国家。全国海事审判三级法院公正高效审结一大批具有规则意义、国际影响重大、推动法治进程的典型案例，中国海事审判的国际公信力和影响力不断提升。越来越多国家的当事人在案涉争议与我国没有实际联系的情况下，主动选择中国海事法院管辖。

党的二十大报告强调，“发展海洋经济，保护海洋生态环境，加快建设海洋强国”。《中华人民共和国国民经济和社会发展第十四个五年规划和2035年远景目标纲要》提出，“加强海事司法建设，坚决维护国家海洋权益”。新时期海事审判工作任重道远。

值海事法院设立40周年之际，为进一步统一海事审判裁判规则，提升中国海事审判国际影响力，在全国人大常委会法工委、最高人民检察院、司法部、交通运输部、商务部、外交部等部门的大力支持下，经认真研究、广泛征求意见，最高人民法院编选了首批海事审判专题指导性案例。2024年11月2日，最高人民法院审判委员会第1929次会议审议通过了该批指导性案例。2024年11月25日，最高人民法院将新某航运有限公司诉中国机某国际合作股份有限公司海上货物运输合同纠纷案等七个案例（指导性案例230—236号）作为第41批指导性案例发布，供审判类似案件时参照。

二、第41批指导性案例编选的主要考虑

本批指导性案例聚焦实际托运人责任、承运人提单批注、海难救助费用支付、海事赔偿责任限额的确定、涉外船舶碰撞案件法律适用以及互惠原则的适用等方面，关系航运、贸易、港口建设等领域，集中解决海事审判实践中的法律适用争议，通过效力较高的司法成果更好服务保障国家海洋强国建设。案例的编选主要基于如下三个方面的考虑。

一是充分彰显中国海事审判的国际化程度。海事案件主要涉及船舶、运输、海洋开发利用或者相关领域，具有专业性强、涉外因素多、法律适用国际化程度高的特点。随着海事审判的不断发展，国际社会对中国海事审判的关注与日俱增。我国许多案例成为国际航运界、海事司法界关注和研究亚太地区海事司法动态的重要参考。例如，S航运有限公司申请承认外国法院民事判决案明确适用法律互惠原则承认外国法院民事判决的审查标准，对促进国际民商事判决跨国执行具有重要意义。环某船舶租赁有限责任公司诉天某财富有限公司船舶碰撞损害责任纠纷案准确解读海商法第二百七十三条与涉外民事关系法律适用法第四十四条之间的关系，有利于体现中国法律的域外适用，彰显中国海事法律的国际影响力。

二是通过司法案例减少海商法适用中的分歧。海商法作为调整海上运输关系与船舶关系的特别法，在起草过程中充分借鉴吸收了国际公约、国际惯例和外国法律的有益经验，具有专业性、特殊性和国际性等特点。由于制定时间较早，加之经济社会发展较快，司法实践对法律条文的理解存在一定分歧，影响了裁判尺度的统一。新某航运有限公司诉中国机某国际合作股份有限公司海上货物运输合同纠纷案在海商法立法精神的基础上细化契约托运人与实际托运人的责任区分，既为正确理解和适用现行海商法进一步明确了规则，也为海商法的修改完善积累了有益经验。东莞市丰某海运有限公司诉东营市鑫某物流有限责任公司海难救助纠纷案明确了同一船舶所有人的船舶之间进行救助时，参与救助的船舶应当视为独立救助方，对于丰富《1989年国际救助公约》的解释原则具有重要参考价值。常州宏某石化仓储有限公司等诉宁波天某海运有限公司船舶触碰损害责任纠纷案准确理解国际公约的立法本意，厘清海事赔偿责任限制制度中优先受偿的限制性债权范围，在对港口、航道等设施优先保护的同时，也体现了与其他海事赔偿请求权人利益的平衡。海商法第十一章采用了海事赔偿责任限额“双轨制”，对我国从事沿海运输与沿海作业企业给予扶持和保护，但司法实践对相关规则存在不同认识。对此，南京华某船务有限公司申请设立海事赔偿责任限制基金案准确把握立法本意，明确同一海事事故中当事船舶适用“就高不就低”原则，有利于统一人民法院适用海事赔偿责任限额“双轨制”的标准。

三是通过司法案例促进规范国际海上货物运输活动。海运是全球供应链的核心，全球90%以上的货物是通过海上运输完成的。我国既是贸易大国，也是航运大国。在我国海事审判实践中，海上货物运输合同纠纷占比很高，通过指导性案例明确裁判规则，有利于更好地引领和规范国际海上货物运输活动。承运人签发提单是海上货物运输中的核心环节，提单记载所形成的证据效力对于海上货物索赔至关重要。对此，某牧实业股份有限公司诉帕某海运公司海上货物运输合同纠纷案明确了承运人对于货物表面状况是否如实批注的判断标准，对于规范承运人签发提单行为、维护海上货物运输交易安全具有积极意义。

三、理解与参照中应当注意的重点问题

（一）新某航运有限公司诉中国机某国际合作股份有限公司海上货物运输合同纠纷案（指导性案例230号）

我国现行海商法第四十二条第三项规定借鉴《1978年联合国海上货物运输公约》关于托运人的制度设计，将与承运人订立运输合同的契约托运人与实际交付货物的托运人均纳入“托运人”的概念之中，但并未对两种托运人在海上货物运输合同中的具体义务、责任作明确区分。遵循立法本意，结合实践探索，本案例进一步明确“在收货人没有向承运人主张提货或者行使其他权利的情况下，因目的港无人提货而产生的费用和风险由作为海上货物运输合同缔约方的契约托运人承担，实际托运人对此不承担赔偿责任”。相关规则对于填补我国海事制度留

白、促进海商法完善具有积极意义。现围绕与本案例裁判要点相关的重点问题阐释如下。

第一，两类托运人的身份区分。如前所述，海商法将契约托运人和实际托运人均纳入“托运人”的概念之中。所谓“契约托运人”，是指“本人或者委托他人以本人名义或者委托他人为本人与承运人订立海上货物运输合同的人”，强调的是通过订约与承运人建立运输合同关系。在订立运输合同的情况下，可以运输合同约定为识别依据；在签发提单等运输单证的情况下，运输单证关于托运人的记载可以作为识别契约托运人的初步证据。但是，提单等运输单证只是运输合同的证明，并不是运输合同本身，不能仅以运输单证的记载作为识别契约托运人的唯一、绝对证据，而需要结合运输合同的订立及履行情况准确认定契约托运人。所谓“实际托运人”，是指“本人或者委托他人以本人名义或者委托他人为本人将货物交给与海上货物运输合同有关的承运人的人”，强调的是通过交付货物加入运输法律关系。当国际贸易合同的价格条件为CIF时，由于订立合同和交付货物都由卖方负责，故契约托运人和实际托运人会重合为一个人，即卖方。在FOB价格条款下，买方负责租船订舱并支付运费，一般为契约托运人；卖方负责将货物装上买方指定的船舶向承运人交付货物，一般为实际托运人。本案中，虽然提单记载的托运人为中国机某国际合作股份有限公司，但通过事实查明，案涉买卖合同价格条件为FOB，案涉海上货物运输系买方海某企业有限公司委托他人为其向新某航运有限公司租船订舱，运费系其委托他人向新某航运公司支付，故海某企业有限公司才是与承运人订立运输合同的契约托运人，而中国机某国际合作股份有限公司只是向新某航运有限公司交付货物的实际托运人。

第二，目的港无人提货的责任承担。在海上货物运输合同中，承运人负有将货物安全运抵目的港并完成交付的责任和义务。货物运抵目的港后，收货人应当及时提取货物。但基于各种原因，实践中经常会出现目的港无人提货的情形，使得承运人无法完成交付义务，进而产生港口堆存费、集装箱超期使用费等损失。对此类费用的承担，有观点认为，承运人只能依据海商法第八十六条的规定向收货人主张；也有观点认为，承运人可以向托运人主张。鉴于海上货物运输关系的涉他性，托运人在订立运输合同时，应当明确交付货物的对象和方式。在签发提单的情况下，提单流转后的提单持有人应当在目的港凭提单及时提取货物。在未签发提单的情况下，承运人根据托运人指示交付货物，被通知的收货人也应及时提取货物。在无人提取货物的情况下，托运人在运输合同项下的权利义务未发生转移，托运人作为订立运输合同的当事人，应当确保该合同的履行，特别是确保收货人及时提取货物，故应当对收货人未提货造成的后果承担违约责任。因此，在目的港无人提货的情况下，承运人可以依据运输合同关系向托运人主张因此产生的费用和损失。我国海商法关于托运人的制度设计让国际货物贸易中FOB价格条件下的卖方成为运输法律关系的当事方，使得两种托运人同时存在于同一个运输关系中。由于海商法并未对两种托运人在海上货物运输关系中的具体权利义务进行明确区分，导致司法实践对相关纠纷的权利主体或者责任主体的认定标准不一。在目的港无人提货纠纷中，承运人为尽可能弥补损失，往往并不向与其成立海上货物运输合同的契约托运人主张权利，而是转向交付货物的实际托运人主张权利。然而，实际托运人只是向承运人交付货物的人，并不参与运输合同的订立，对确定收货人以及收货人及时提取货物并没有任何合同义务。在此背景下，本案准确解读海商法第四十二条关于托运人的规定，区分了实际托运人与契约托运人在海上货物运输合同中的责任，依照合同相对性原则，明确界定契约托运人为相关费用支付的义务主体，实际托运人不因被记载为提单托运人或者持有提单而承担契约托运人的义务，公平合理地界定了承运人与契约托运人、实际托运人之间的权利义务关系。

第三，需要考虑的特殊因素。本案裁判规则中明确了“收货人没有向承运人主张提货或者行使其他权利”的限制条件。收货人的权利义务是相统一的，如果其没有行使运输合同下的权利，则无须承担相关合同义务。例如，因买卖合同纠纷导致无人付款赎单，或者收货人虽取得提单但因清关问题拒绝换单提货等导致目的港无人提货产生的费用和风险，应当由托运人承担。如果收货人已经行使了权利，例如，向承运人换取提货单、向承运人主张索赔或者对货物行使控制权等，则支付相关费用的义务就转移到收货人身上。需要注意的是，转让提单的行为并不属于行使其他权利的情形。

市场变化、收货人破产、进口国贸易政策变化等导致目的港无人提货的情况时有发生。在收货人没有向承运人主张提货或者行使其他权利，且契约托运人、实际托运人并存的情况下，如何认定向承运人承担责任的主体，一直存在不同认识。本案例在准确识别契约托运人与实际托运人的前提下，明确了两类托运人承担目的港无人提货责任的规则，有利于引导承运人依法行使权利，明确托运人参与国际货物买卖与运输的风险预期，为维护国际海上货物运输秩序，促进国际贸易多元发展提供助力，对于同类案件裁判具有重要指导意义。

（二）东莞市丰某海运有限公司诉东营市鑫某物流有限责任公司海难救助纠纷案（指导性案例231号）

本案例明确了同一船舶所有人的船舶之间进行海难救助，救助船舶获得的救助款项，不因与其属同一船舶所有人的遇险船舶的过失而被取消或者减少，准确解读了海商法的相关规定，丰富了《1989年国际救助公约》的解释原则。现围绕与本案例裁判要点相关的重点问题阐释如下。

第一，海难救助制度的特点。海难救助是指对在海上或者与海相通的可航水域遭遇海难的船舶、货物、相关运费等，由外来力量对其进行救助的行为。海难救助是海商法特有的法律制度，以公平、公共利益和鼓励救助为基本原则，以救助报酬的关系为核心内容。只要救助人能够成功地让遇险船舶、货物等脱离危险，其就有权向获救的船舶、货物所有人主张按照获救价值比例支付救助报酬，同时还有条件地对获救财产享有留置权。这一特点是由海上特殊风险所决定的，旨在鼓励救助、推动航海贸易发展。

第二，姊妹船救助的特殊性。我国海商法第九章关于海难救助的规定，是参照《1989年国际救助公约》制定的，① 因此，对海难救助相关条款的理解还需考量该公约的制定本意。姊妹船是指属于同一个船舶所有人的船舶。按照传统民法理论，船舶不是独立的民事法律主体，姊妹船之间的救助款项，会因债权人与债务人混同而消灭。但在海商法领域，不能按照传统民法审判思路处理海难救助案件。海商法第一百九十一条规定："同一船舶所有人的船舶之间进行的救助，救助方获得救助款项的权利适用本章规定。"该规定与《1989年国际救助公约》所确立的原则是一致的，即姊妹船之间的救助，救助方依然有权获得救助款项。这一规定表明，同一船舶所有人的两条船舶发生救助关系时，是两个独立的权利义务主体。这主要基于以下考量：一是不同船舶可能会有不同的保险人，互免救助款项会造成保险人利益不平衡；二是船员救助姊妹船可能会超出其在雇佣合同项下对本船的安全义务，互免救助款项会不公平地剥夺施救船员应得的报酬；三是鼓励同一船舶所有人的船舶之间进行救助，可以提高有能力救助者的救助积极性，符合海难救助的紧迫性要求。因此，同一船舶所有人的船舶之间进行的救助，如同该救助方救助非同一船舶所有人的其他任何船舶一样，享有合同约定或者法律规定的权利，承担相应的义务，旨在鼓励海难救助、保护救助市场的交易公平。

第三，遇险船舶的过失是否导致救助报酬的取消或者减少。海难救

---

① 我国于1994年3月加入《1989年国际救助公约》，该公约于1996年生效。

助成功后，船舶所有人可能会请求其船上装载货物的所有人分摊救助费用。如果遇险船舶与救助船舶属于同一个船舶所有人，而遇险船舶又对造成海难救助的事故负有责任，被救助的货物所有人往往会依据海商法第一百八十七条的规定进行抗辩，认为救助款项应当被取消或者减少。司法实践对此存在不同认识。一种观点认为，被救助的货主有权依据该条规定取消或者减少向救助方支付的救助款项；另一种观点认为，救助方的救助款项不应被取消或者减少。因此，本案一审、二审判决结果截然不同。本案再审审查裁定在维持二审判决结果的基础上，进一步论述了救助方获取救助款项的理由和依据。具体而言，海商法第一百八十七条规定了海难救助中救助款项的减少或者取消的情形。依据该条规定，由于救助方的过失致使救助作业成为必需或者更加困难的，或者救助方有欺诈或者其他不诚实行为的，应当取消或者减少向救助方支付的救助款项。在我国诉讼制度下，虽然不能以船舶的名义提起诉讼，但是在海难救助问题上，则可以把船舶作为独立的单位，如此才符合海商法第一百九十一条的立法本意。当海难事故是因遇险船舶的驾驶、管货不当所致，与遇险船舶属于同一所有人的救助船舶的报酬请求权不应受到影响。不能仅因两船舶所有人相同，而混同两船舶在救助关系中的过失与责任。遇险船舶在驾驶、管货过程中存在过失并导致海难事故发生的，该过失不应视为救助船舶的过失。海商法第一百八十七条规定中的“救助方”应被理解为救助船舶，而不是救助船舶的所有人。只要救助船舶本身不存在海商法第一百八十七条规定的过失、欺诈和不诚实行为，其救助款项就不应被取消或者减少。

需要强调的是，海难救助纠纷通常涉及船方、货方、保险人、救助人等多方主体利益，涉及关联纠纷包括船舶碰撞、海上保险、海上货物运输等多种类型，可能涉及诉讼、仲裁等多种争议解决方式，并可能存在不同的管辖法院。人民法院在受理其中部分纠纷后，不能就案办案，应当秉持案结事了政通人和的理念，争取在审理或者执行阶段采用一揽子解决的方式实质性化解所有矛盾纠纷，避免“一案结、多案生”和“程序空转”，减轻当事人讼累，体现海事司法促推社会治理的重要作用。

（三）某牧实业股份有限公司诉帕某海运公司海上货物运输合同纠纷案（指导性案例 232 号）

本案例明确了承运人对于货物表面状况是否如实批注的判断标准，对于规范承运人签发提单行为、维护海上货物运输交易安全具有重要意义。现围绕与本案例裁判要点相关的重点问题阐释如下。

第一，向承运人主张货损货差的举证责任。根据海商法第四十六条的规定，承运人对货物处于其掌管之下的责任期间发生的灭失、损坏，承担赔偿责任。该条分别对集装箱和非集装箱货物运输中承运人不同的责任期间作出规定，属于法定责任期间，承运人不能通过合同约定限缩该责任期间。收货人依据该条规定主张承运人承担海上运输货物损失赔偿责任时，根据“谁主张，谁举证”原则，应当就案涉货物在承运人责任期间发生损坏承担举证责任。承运人负有按照提单记载向收货人交付货物的义务。如果收货人提交证据证明货物在目的港交付时存在货损，收货人无须再承担其他证明货损发生在承运人责任期间的举证责任。如果收货人提交的证据不能证明货物在目的港交付时与装货港的状态不同，说明货物状态在承运人责任期间并未发生变化。收货人不能充分证明货物在承运人运输责任期间发生损坏，收货人应当承担举证不能的不利后果。

第二，承运人对提单未如实批注的后果。根据海商法第七十六条的规定，承运人未在提单上批注货物表面状况的，视为货物的表面状况良好。因此，承运人有权就其所认为的装载货物的表面状况不良作出批注，如果未如实批注，将承担由此引起的不利后果。货物表面状况不是提单的必要记载事项，但是，提单是承运人保证据以交付货物的单证。

如果承运人接收货物的外表状况不良，又没有进行如实批注，则视为货物表面状况良好，承运人在目的港必须向收货人交付表面状况良好的货物。承运人签发提单时对货物表面状况不良未作批注，就要承担由此造成的不利后果，即向收货人承担货损赔偿责任。因此，承运人应当适当且谨慎地行使提单批注权。

第三，承运人对货物表面状况如实批注的标准。提单批注很可能产生严重的法律后果。附加批注的提单可能无法成为信用证付款结汇的凭证，影响国际贸易合同的顺利进行。因此，批注提单应当尊重客观事实、恰如其分。对表面状况良好的货物，不能随意扩大作出不良批注，损害托运人的利益；对于表面状况确实不良的货物应当适当批注，以保护收货人合法权益，也可以免除自己的赔偿责任。判定承运人是否如实批注货物表面状况，应当从以下几方面进行分析：首先，要考量表面状况的范围。货物表面状况不良通常是指货物的表面瑕疵或者缺陷，比如钢铁锈蚀、小麦发霉等。货物的内在品质并不属于表面状况的范围。本案所涉货物因原材料、加工方式等多种因素导致可能存在多种颜色，颜色不同表示内在品质不一，但不属于货物发生损坏的表征，并不代表货物表面状况不良，故案涉货物的颜色并非承运人法定的批注范围。同理，货物的水分含量、蛋白质含量等技术指标也并不属于表面状况的范围。其次，要考量是否具备准确批注的客观条件。是否构成表面状况不良，要结合具体的货物，考量是否超出正常标准。本案所涉货物属于大宗散货，分别通过传送带和抓斗进行装载。在装货过程中，货舱充满灰尘，码头用帆布对舱口进行了遮盖以避免粉尘污染。在此情况下，船员很难清晰、全面观察到所有货物的表面状况，不具备怀疑货物表面状况异常的客观条件。最后，要考量承运人的判断是否符合通常标准。货物表面状况是否良好，有一定的专业标准，并不是稍有瑕疵就要被认为表面状况不良而加以批注。承运人并不能对所有承运货物都具有专业判断能力，只要其对货物表面状况是否良好作出的判断符合正常的知识和通常的判断标准，就应当认定其已如实批注。

在大宗散货的海上货物运输中，收货人以发生货损主张巨额索赔的概率较高。此类纠纷涉及船方、货方以及保险人等各方利益，在海事法院受理案件中占比也较高。由于海商法对承运人批注范围、货损举证责任等仅作出原则性规定，司法实践中客观存在裁判尺度不统一现象。本案例结合国际贸易、国际海运实践，正确解释和适用海商法相关规定，明确承运人提单批注的范围、收货人主张货损的举证责任，妥善平衡船货双方的利益，维护提单在国际贸易中的流通性，对类案的审理具有较强的典型参考和指引意义，对提升当事人诉讼预期、指引海运实务操作也具有重要作用。

（四）常州宏某石化仓储有限公司等诉宁波天某海运有限公司船舶触碰损害责任纠纷案（指导性案例233号）

本案例明确了因船舶触碰事故导致港口、码头等设施损坏期间的营运损失不能优先于其他限制性债权得到清偿，准确解读了海商法相关条款的立法本意，有利于指导人民法院妥善处理涉船舶触碰损害的限制赔偿责任案件，促进凝聚行业共识，从源头上防范化解相关事故引发的诉讼风险，为航运、港口产业发展提供有力的法治支撑。现围绕与本案例裁判要点相关的重点问题阐释如下。

第一，限制赔偿责任的海事赔偿请求范畴。海事赔偿责任限制是海商法特有的法律制度之一，是指发生海损事故给他人造成财产损失或者人身伤亡时，责任人可以依据法律规定将其赔偿责任限制在一定限额内的制度。海商法关于海事赔偿责任限制的规定充分借鉴了《1976年海事赔偿责任限制公约》（以下简称《1976年限制公约》）。海商法第二百零七条对责任人可以限制赔偿责任的海事赔偿请求范围作出了明确规定，其中第一款规定的限制性债权第一项“在船上发生的或者与船舶营运、救助作业直接相关的人身伤亡或者财产的灭失、损坏，包括对港口工程、港池、航道和助航设施造成的损坏，以及由此引起的相应损失的赔偿请求”与《1976年限制公约》第2条第1款a项的含义完全相同，只是在形式上，《1976年限制公约》将“包括对港口工程、港池、航道和助航设施造成的损坏”置于括号当中，而海商法并没有括号。根据该条的表述，对船舶触碰造成的码头财产损坏及由此引起的相应损失的赔偿请求，责任人可以限制赔偿责任。码头营运损失或收益损失系因码头被触碰损坏而引起的损失，是码头经营人在未来一段时间内的预期收入，显然属于“相应损失”（consequential loss）的范畴。故本案例的裁判要点明确了对船舶触碰码头造成的码头损坏以及由此引起的码头营运损失的赔偿请求均属于限制性债权，从而可以在海事赔偿责任限制基金中受偿。

第二，码头营运损失等间接损失不能优先受偿。海商法第二百一十条是关于海事赔偿责任限额计算标准以及各类限制性债权的受偿顺序的规定。其中，该条第一款第四项规定：“在不影响第（三）项关于人身伤亡赔偿请求的情况下，就港口工程、港池、航道和助航设施的损害提出的赔偿请求，应当较第（二）项中的其他赔偿请求优先受偿。”由于本条采用的表述是“……设施的损害提出的赔偿请求”，而海商法第二百零七条采用的表述是“……造成的损坏，以及由此引起的相应损失的赔偿请求”，司法实践中对营运损失是否属于海商法第二百一十条第一款第四项规定的“损害”范围，产生了疑惑。本案中，一审、二审法院对此存在不同认识。对此问题的厘清，应当结合国际公约的本意以及我国的实际国情。其一，本条规定源自《1976年限制公约》第6条第3款的授权性规定，即“在不影响按照第2款提出的人身伤亡的索赔权利的情况下，缔约方可在国内法中规定，有关对港口工程、港池、航道和助航设施的损害提出的赔偿请求，应依该法规定具有较第1款b项规定的其他索赔优先受偿的权利"[①]。该条规定授权各缔约国可以根据各国具体情况，通过国内法的形式来明确上述损失是否要纳入优先受偿的范围。我国海商法在制定时，考虑到港口工程等损失涉及国家利益，故将其纳入了优先受偿的范围。根据文义解释，《1976年限制公约》第6条第3款使用damage描述港航设施的损害等，与第2条第1款a项在括号中的说明（including damage to harbour works…）完全一致，并不包括第2条第1款a项中的consequential loss，从字面可以推导出consequential loss不属于此处指明的可以优先受偿的限制性债权。相应地，营运损失自然不能属于海商法第二百一十条第一款第四项规定的可以优先受偿的"损害"范围。其二，从立法目的角度来看，港口工程、港池、航道和助航设施等设施承担了商业服务和公共服务的双重功能，兼具商业性和公益性。港航设施的公共服务功能要求运营秩序具有一定的稳定性，具有优先保护的必要性。因此，对港口工程、港池、航道和助航设施造成的损坏（直接损失）的赔偿请求较其他普通海事债权优先受偿，既能够促使港口经营人尽快获得相应赔偿，恢复生产经营，实现保护港航设施的公共服务功能、维护其公益性的现实目的，又是对海商法立法精神的回应。其三，从体系解释的角度看，海商法中的公平突出表现为利益和风险/成本的平衡，限制性债权受偿顺序的安排是对不同债权人可享受利益和应承担风险/成本进行平衡协调的结果。直接损失可优先获赔，是由港航设施所承担的公共服务功能（成本）所决定的。港航设施的直接损失组成基本为重建或修复费用，具有确定性，需要给予特殊的保护。但是港口的营运损失属于一种预期可得利益，应当与其他限制性债权处于平等地位。港口营运损失一般金额都比较高，如果允

---

① 该款的英文文本为："However, without prejudice to the right of claims for loss of life or personal injury according to paragraph 2, a State Party may provide in its national law that claims in respect of damage to harbour works, basins and waterways and aids to navigation shall have SUNC priority over claims under paragraph 1 (b) as is provided by that law."

许其在有限的限额内优先受偿，势必影响其他限制性债权的受偿。基于此，本案例明确：营运损失等间接损失的赔偿应当与其他非优先受偿的限制性债权处于同等地位，均应按比例受偿。

（五）南京华某船务有限公司申请设立海事赔偿责任限制基金案（指导性案例234号）

本案例旨在明确同一海事事故中当事船舶设立海事赔偿责任限制基金适用“就高不就低”的原则，实现对同一事故当事人的平等保护。现围绕与本案例裁判要点相关的重点问题阐释如下。

海事赔偿责任限制制度将作为责任人的船舶所有人、救助人的赔偿责任限制在一定的额度，是通过对船东的适度倾斜保护，推动航运事业稳步发展，有利于鼓励海难救助，缓解海上保险业压力。各主要海运国家都设立了海事赔偿责任限制制度。由于各国采用了不同的责任限制制度，一旦发生海损事故，限额不同会给索赔带来很多麻烦。国际社会曾先后制定三个国际公约，[①] 试图统一相关制度，其中影响最大的就是《1976年限制公约》。我国虽然不是该公约的缔约国，但海商法的相关规定充分借鉴吸收了该公约相关规定。其中，海商法第二百一十条第一款对总吨位300总吨以上的远洋运输船舶海事赔偿限额的计算标准作出规定，即按照不同吨位适用不同的计算标准。同时该条第二款规定总吨位不满300总吨的船舶，从事沿海运输或者作业船舶的赔偿限额计算标准由交通主管部门制定，报国务院批准后施行。基于此，原交通部于1993年发布了《关于不满300总吨船舶及沿海运输、沿海作业船舶海事赔偿限额的规定》（以下简称《责任限额规定》），其中第四条规定从事我国港口之间的沿海货物运输或者沿海作业船舶的海事赔偿限额按

① 即《1924年统一海上船舶所有人责任限制若干规则的国际公约》《1957年海船所有人责任限制国际公约》《1976年限制公约》。

照远洋运输船舶责任限额的 50%计算。该条规定主旨是遵循《1976 年限制公约》第 15 条第 3 款“缔约国可以通过国内法的具体规定，使责任限制制度适用于毫不涉及其他缔约国国民利益的索赔”① 的规定，同时也是充分考虑了我国沿海船舶经营者较低的风险承受能力，体现了对沿海运输和沿海作业的扶持和保护。

针对沿海船舶与远洋船舶之间发生碰撞等情况，《责任限额规定》第五条规定：“同一事故中的当事船舶的海事赔偿限额，有适用《中华人民共和国海商法》第二百一十条或者本规定第三条规定的，其他当事船舶的海事赔偿限额应当同样适用。”司法实践中，如何理解该条规定中的“有适用”，存在着不同观点。“主观说”认为，沿海船舶的责任限额受远洋船舶主观决定之影响，认为“有适用”是指“有申请适用”，即指当事船舶的所有人具有实际使用或者申请行使其责任限制权利或者实际申请设立海事赔偿责任基金的情况。“客观说”认为，只要当事船舶客观上存在应当适用较高限额标准的远洋船舶，则包含沿海船舶在内的所有其他船舶的责任限额均适用较高限额标准，即所谓的“就高不就低”原则。

如果按照“主观说”的观点理解《责任限额规定》第五条中的“有适用”，把沿海船舶的海事赔偿限额标准与远洋船舶是否主张海事赔偿责任限制的行为相关联，因后者行为的不同而使沿海船舶适用不同的海事赔偿限额标准，不仅将导致实践中程序上的操作困难进而影响法律规则的指引性和规范性，而且还可能衍生新的法律问题。从时间层面看，远洋船舶何时提出海事赔偿责任限制主张或者何时申请设立海事赔偿责任限制基金不确定，将导致沿海船舶的基金限额无法确定。从程序

① 该款的英文文本为：“A State Party may regulate by specific provisions of national law the system of limitation of liability to be applied to claims arising in cases in which interests of persons who are nationals of other State Parties are in no way involved.”

层面看，要求远洋船舶责任人必须在规定的期限内作出是否“申请适用”的意思表示，缺乏法律依据。在远洋船舶责任人下落不明、无法查找时，如何认定远洋船舶的态度，更存在客观困难。从行为层面看，即使远洋船舶实施了“有申请适用”的行为，但之后可能出于某些原因变更之前的决定，比如撤回、撤销或放弃海事赔偿责任限制的权利。这种情况下，沿海船舶的海事赔偿限额可能又要作相应的调整。

鉴于“主观说”存在的各种弊端，采取“客观说”更为合理。具体而言为以下三点。

第一，法律解释层面，法律条文应当具有客观性和可预见性，以适应各种不同的情境。《责任限额规定》第五条中的“当事船舶的海事赔偿限额”是根据船舶吨位计算得出的数据，不论当事船舶主观上是否主张海事赔偿责任限制、是否有必要适用海事赔偿责任限制以及能否享有海事赔偿责任限制，海事赔偿限额本身是客观存在和固定不变的。海商法第二百一十条和《责任限额规定》第三条规定，也只是就海事赔偿限额的规定。因此，当事船舶的海事赔偿限额“有适用”海商法第二百一十条第一款或者《责任限额规定》第三条规定的，应当是指当事船舶的海事赔偿限额有应当依照海商法第二百一十条第一款或者《责任限额规定》第三条规定计算的情况，即当事船舶之一为非沿海船舶的情况。在此种情况下，同一事故中沿海船舶的海事赔偿限额应当适用较高限额的标准，而不能适用《责任限额规定》第四条的50%的计算标准。

第二，立法意图实现层面，综合分析海商法第二百一十条和《责任限额规定》的相关规定，《责任限额规定》的大部分条文均是交通主管部门根据海商法第二百一十条的授权，在我国国情及国际惯例允许的范围内所作的特别规定。《责任限额规定》第五条对沿海船舶规定了较低的海事赔偿限额，是在给予从事沿海运输和沿海作业船舶的海运业优惠和扶持的同时，考虑到同一事故中不同的海事赔偿限额的实施可能引起船旗歧视的问题，意图兼顾对本国国民与他国国民的一致保护。但是，任何民事实体法上的权利的实现必须依赖于程序法的规定。本案为程序性案件，并不对涉案事故可能引发的实体争议进行审查，如果对"有适用"的理解处于非客观而是有争议的空间，那么沿海船舶的权利始终处于不确定的状态，远洋船舶对于如何行使权利也将无所适从。我国海商法关于海事赔偿责任限制的相关立法意图将无法实现。

第三，法律功能实现层面，公平正义和安定秩序是现代法治的精神。法律制度的设定，应当有助于避免人性弱点，鼓励和促进诚实守信。以远洋船舶的行为影响和决定沿海船舶的海事赔偿限额所产生的道德风险，将可能损害事故受害第三方的合法权益。同时，由于远洋船舶责任人是否主张海事赔偿责任限制或者申请设立海事赔偿责任限制基金的行为具有不确定性，也将使各方当事人的权利义务在长时间内处于不确定状态，不利于法律秩序的稳定和法治的安定。海事赔偿责任限制具有的责任人通过设立海事赔偿责任基金，享受海事赔偿责任限制、免受财产保全和强制执行、专注于航运生产和经营的功能也将无法实现。

综上所述，对于同一海事事故中当事船舶的海事赔偿限额，有应当依照海商法第二百一十条第一款或者《责任限额规定》第三条规定计算的，无论其是否申请设立海事赔偿责任限制基金或者援引海事赔偿责任限制抗辩，其他当事船舶的海事赔偿限额均不应适用《责任限额规定》第四条的规定。

（六）S航运有限公司申请承认外国法院民事判决案（指导性案例235号）

根据我国民事诉讼法的规定，人民法院对申请或者请求承认和执行的外国法院判决，依照相关双边或者多边国际条约审查；没有条约的，按照互惠原则进行审查。但是对于如何具体适用互惠原则，我国法律并没有明确规定。本案例明确了我国适用互惠原则承认外国法院民事判决的审查标准，体现了以法律互惠标准认定互惠关系的最新司法实践。现围绕与本案例裁判要点相关的重点问题阐释如下。

第一，互惠关系的成立不以外国法院先行承认和执行我国法院民商事判决为必要条件。互惠原则是国际私法中平等互利原则的具体体现。在认定标准上可分为事实互惠、法律互惠等。事实互惠是指对方国家有承认和执行本国法院民事判决的先例，本国也可以承认和执行对方国家法院作出的民事判决。在相当长一段时间内，我国司法实践采取较为保守的事实互惠立场，客观上导致的结果是，与我国未签订国际司法协作条约的国家，如果没有承认人民法院判决的先例，该国法院的判决可能无法在人民法院得到承认和执行。由此可见，如果在国际司法互惠关系中，均以对方率先承认和执行己方法院判决为先决条件，则事实上鲜有达成互惠的可能性。由此带来的长期影响相当于主动关闭了与各国达成互惠的大门。随着我国扩大对外开放、“一带一路”倡议深入实施，国际上相互承认和执行法院民商事判决的现实需求将呈增长趋势。在此背景下，积极促成互惠关系正逐步成为承认和执行外国法院判决的司法政策导向。

第二，若根据作出判决的外国法院所在国的法律，人民法院作出的判决可以得到该国法院的承认和执行，可以认定我国与该国存在承认和执行民商事判决的互惠关系。法律互惠是指两国规定了大体相同的承认与执行外国法院判决的条件，并以国内立法形式作互惠保证。[①] 也就是通过判决作出国法律，判断我国法院判决在该国承认和执行的可能性，以此确定互惠关系的存在。法律互惠并不需要该国有承认和执行我国判决的先例，只要根据该国法律，其承认和执行他国法院判决的条件与我国法律规定的条件实质相同或者更为宽松，则可以认定我国法院判决在

① 参见最高人民法院民事审判第四庭编著：《〈全国法院涉外商事海事审判工作座谈会会议纪要〉理解与适用》，人民法院出版社2023年版，第292页。

同等情形下可以得到该国法院的承认。在同时满足该国法院没有以不存在互惠关系为由拒绝承认和执行我国法院判决先例的情况下，就可以认定我国与该国存在法律上的互惠关系。就本案而言，根据英国法律，我国法院的判决、裁定在英国寻求承认和执行时，应当按英国的普通法规则，以我国法院的判决、裁定为依据，在英国法院重新提起诉讼；如果符合承认和执行的条件，英国法院将作出一个与原判决基本一致的判决，再按英国法规定的执行程序予以执行。虽然英国法院也会将我国法院对判决所涉争议是否具有管辖权、当事人的程序权利（如送达、获得抗辩机会等）是否得到保障、是否违反公共秩序等问题纳入考量，但这些问题也是我国法律规定的承认和执行外国法院判决的审查要件。鉴于并无证据证明我国法院判决在英国法院承认和执行存在法律障碍，也未发现英国法院曾以不存在互惠关系为由不予承认和执行我国判决，故可以认为我国与英国在民商事判决相互承认和执行上存在以法律互惠为标准的互惠关系。当然，如果外国法院有承认和执行我国法院民商事判决的先例，即符合事实互惠标准，恰可成为符合法律互惠标准的具体例证。

采取法律互惠原则的好处在于，能够让互惠关系的认定更具确定性和可预见性，同时也兼顾了灵活性。适用法律互惠原则只需要比较两国法律规定，而不受限于必须存在承认的先例，更能体现法律上的对等。同时，人民法院在个案审查中，如果对方的法律、政策或实际采取的做法发生了不利于我国法院判决在该国承认和执行的变化，即便该国法院曾经承认过我国法院判决或者我国法院曾认定过双方存在互惠关系，仍然可以作出不存在互惠关系的认定。

第三，采用法律互惠标准有利于推动国际民商事判决相互承认与执行朝着积极方向相向而行，符合我国扩大对外开放的利益需求。为适应高水平对外开放，加强国际司法合作，更好地依法平等保护“走出去”“引进来”中外当事人合法权益，最高人民法院在2015年《最高人民法院关于人民法院为“一带一路”建设提供司法服务和保障的若干意见》、2017年《第二届中国—东盟大法官论坛南宁声明》中就提出了可以考虑在相关国家间实行先行给惠、推定互惠。本案例的裁判进一步证明了上述政策导向的积极意义。本案于2022年3月作出裁定后，同年12月，英国高等法院对我国杭州法院的两起判决予以承认。虽然目前无从证实两者之间的关系，但至少可以印证：一是承认对方法院的判决，可以减少我国法院判决在对方国家申请承认时的障碍；二是英国法院在本案之后承认了我国法院的判决，印证了本案关于“根据英国法律，我国法院作出的民商事判决可以得到英国法院的承认和执行”的认定。

（七）环某船舶租赁有限责任公司诉天某财富有限公司船舶碰撞损害责任纠纷案（指导性案例236号）

本案例明确涉外船舶碰撞损害责任纠纷案件当事人在船舶碰撞发生后，可以协议选择侵权纠纷适用的准据法，充分体现了对当事人意思自治的尊重，有利于保障法律选择结果的确定性和可预见性，公平保护当事人的合法权益，体现了我国法院在全球化背景下和制度型开放进程中的责任担当。现围绕与本案例裁判要点相关的重点问题阐释如下。

第一，关于海商法第二百七十三条规定对当事人意思自治的态度与立场。海商法第二百七十三条规定了涉外船舶碰撞损害责任纠纷的准据法确定原则。该条规定的态度和立场与当时有效的民法通则第一百四十六条规定精神基本一致。具体而言，海商法第二百七十三条将适用侵权行为地法律作为确定准据法的一般规则；若侵权行为地是公海因而不存在侵权行为地法律，则将适用受理案件的法院所在地法律作为这一情形的补缺性规则；并且结合船舶与船旗国之间的主权管辖关系，将适用同一船旗国法律作为确定准据法规则。可见，受国际私法历史发展的局限，海商法与民法通则一样，未表明对当事人意思自治的立法态度，亦未明确排除当事人协议选择适用法律的情形。

第二，关于涉外民事关系法律适用法第三条、第四十四条对侵权纠纷准据法选择的新发展。随着各国国际私法相关立法、司法实践与理论研究将当事人意思自治的适用范围从合同类纠纷扩展至侵权类纠纷，涉外民事关系法律适用法第三条明确规定，当事人依照法律规定可以明示选择涉外民事关系适用的法律。第四十四条在侵权责任领域增加了当事人意思自治这一法律选择方法，规定“侵权责任，适用侵权行为地法律，但当事人有共同经常居所地的，适用共同经常居所地法律。侵权行为发生后，当事人协议选择适用法律的，按照其协议”。由此，涉外民事关系法律适用法第三条、第四十四条规定明确，当事人可以通过协议选择侵权纠纷适用的法律，这既尊重当事人处分其民事权利的真实意愿，又能保障法律适用的结果具有确定性和可预见性，体现出涉外民事关系法律适用的核心要旨，以及立法、司法的发展趋势。基于此，本案例的裁判要点明确：“根据《中华人民共和国涉外民事关系法律适用法》第四十四条的规定，涉外船舶碰撞损害责任纠纷案件当事人在船舶碰撞发生后协议选择适用法律的，按照其协议确定纠纷适用的准据法。”

第三，关于规范船舶操纵行为的国际公约与事发水域通行规则的适用。当事船舶之间的碰撞损害责任纠纷，与规范船舶操纵行为和事发水域通行行为的安全规则和技术标准具有密切关系。海商法第一百六十七条至第一百六十九条对船舶碰撞损害责任的承担作出具体规定。在确定是否以及如何承担船舶碰撞损害赔偿责任时，应注意两点。首先，需要明确是否发生了海商法所规定的船舶碰撞。对此，海商法第一百六十五条规定了船舶碰撞的构成要件和适用范围。我国于 1994 年加入《1910 年统一船舶碰撞某些法律规定的国际公约》（以下简称《1910 年碰撞公约》）。海商法的上述规定与《1910 年碰撞公约》相一致。其次，需要明确当事船舶的操纵行为是否正确，当事方对于发生碰撞造成损害是否存在过错，以及过错程度等。对此，我国参加了国际海事组织制定的《1972年国际海上避碰规则公约》，其所附《1972年国际海上避碰规则》建立的通航规则体系得到了世界各国的普遍采用。本案中，法院依据海商法确定事发情况属于船舶碰撞之后，依据《1972年国际海上避碰规则》对上述各项情况进行判断。由于事发海域为马六甲—新加坡海峡，通航密度高，国际海事组织为此专门制定了规范该水域通航行为的国际规则《船只通过马六甲和新加坡海峡的规则》。因此，法院根据《1972年国际海上避碰规则》的指引，进一步适用《船只通过马六甲和新加坡海峡的规则》和国际海事组织《1978年海员培训、发证和值班标准国际公约》，判断当事船舶的操纵行为是否正确，当事方对于发生碰撞造成损害是否存在过错，以及相互的过错程度等，进而依法作出判决，判定碰撞损害责任承担的主体、方式与内容。此外，规范事发水域船舶操纵行为和通行行为的规则虽然与行为地国存在联系，但是不应属于准据法范畴，不能被当事人法律适用协议所排除，也不应允许当事人以“不提供该安全规则和行为规则”的方式予以规避。

第四，关于当事人主动选择向我国法院提起诉讼并选择适用我国法律的重大意义。虽然涉外民事关系法律适用法第四十四条没有将选择适用法律的范围限定为法院地法，但是在实践中，当事人选择适用法院地法的情形较为常见。随着中国式现代化的稳步推进，中国海事审判以自信、包容、平等、高效的形象为国际航运界展现了大国司法的应有担当，吸引越来越多外国当事人选择到中国海事法院申请扣押船舶、提起诉讼，以解决与中国并无实际联系的涉外海事纠纷。由于法院地在中国，委托代理人系中国律师，外方当事人主动提出依据中国法律解决争议的现象明显增多。这充分彰显了我国法院在全球化背景下和制度型开放进程中建设“海事司法优选地”的底气与责任担当。本案中，原告、被告双方均为外国公司，碰撞地点也在国外，碰撞损害责任纠纷与中国并无实际联系。但当事人选择向中国海事法院申请海事请求保全，并根据海事诉讼特别程序法第十九条的规定，在海事请求保全执行后，有关海事纠纷尚未进入诉讼或者仲裁程序时，在相互间未订有诉讼管辖协议或者仲裁协议的情况下，向采取海事请求保全的海事法院提起诉讼，彰显我国在国际海事司法领域的强大吸引力。当事人协议选择适用我国法律，还可以有效减轻当事人提供外国法和法院查明外国法的负担，推动诉讼顺利进行，提升审判效率。与此同时，本案双方当事人均系马绍尔群岛共和国法人企业，案涉两船船籍国分属巴拿马和利比里亚，我国和马绍尔群岛共和国均是《1972年国际海上避碰规则公约》的缔约国。我国海事法院遵循《1972年国际海上避碰规则》及其指引的《船只通过马六甲和新加坡海峡的规则》《1978年海员培训、发证和值班标准国际公约》，恪守条约义务，尊重航行规则，体现出我国海事司法具有国际视野、开放精神，尊重与执行国际安全和行为规则，与时俱进、公平公正地保护当事人的合法权益，符合我国国际海事司法大国的角色定位，进一步增强成为“海事司法优选地”的底气。一审判决作出后，双方均未上诉，当事人主动履行全额款项，一致表示“我们相信中国法院，我们选择中国法律”，即是最生动的体现。

（来源：《中国应用法学》2024年第6期）

法答网精选答问

法答网精选答问（第十四批）

——仲裁司法审查专题

问题 1：人民法院受理民事诉讼案件后，被告以当事人之间有书面仲裁协议为由提出异议申请，人民法院审查认为异议理由不能成立，应以何种形式处理当事人的异议申请？是否需要书面通知当事人？

答疑意见：有效仲裁协议排除人民法院管辖是我国民事诉讼法和仲裁法确立的一项基本原则。依据民事诉讼法和仲裁法规定，当事人有权以双方存在仲裁协议为由向受诉人民法院提出异议。需要注意的是，此异议是关于纠纷由仲裁处理还是由法院受理而产生的争议，不同于民事诉讼法规定的管辖权异议。对此异议的处理，有两种结果：一是异议成立，即仲裁机构或者仲裁庭有管辖权，法院应当裁定驳回起诉。对此，仲裁法第二十六条和《最高人民法院关于适用〈中华人民共和国民事诉讼法〉的解释》（以下简称《民事诉讼法解释》）第二百一十六条第二款均有明确规定。二是异议不成立，即仲裁机构或者仲裁庭无管辖权，该民事案件属于人民法院受理民事案件的范围。对此，人民法院应当以何种形式处理当事人的异议申请，是裁定驳回异议申请还是通知当事人，法律并未明确规定，实践中也存在争议。考虑到异议的处理是确定民事案件是否属于人民法院主管的先决问题，为充分保障当事人的诉权，在异议不成立的情形下，应当参照适用管辖权异议不成立的规定处理，即裁定驳回当事人的异议，而不能以通知方式进行处理。另需注意的是，就仲裁协议效力提出异议的期限为人民法院首次开庭前，而不是民事诉讼法第一百三十条规定的提交答辩状期间。

咨询人：李剑/广西壮族自治区梧州市中级人民法院立案庭

答疑专家：张梅/最高人民法院民四庭

问题 2：人民法院以当事人超过申请撤销仲裁裁决的期限为由作出驳回申请的裁定，该类裁定能否上诉、能否申请再审？如允许上诉、申请再审，该类裁定同时包括撤裁事由审查内容的，应如何处理？

答疑意见：根据仲裁法第五十九条的规定，当事人申请撤销裁决的，应当自收到裁决书之日起六个月内提出。当事人超过六个月期限提出撤销仲裁裁决申请的，由于不符合人民法院受理申请撤销仲裁裁决案件的条件，应当裁定不予受理，已经受理的，应当裁定驳回申请。此类裁定属于程序性驳回的裁定，不同于进入仲裁司法审查程序后人民法院根据仲裁法规定的应予撤销仲裁裁决的法定事由进行审查作出的裁定。根据《最高人民法院关于审理仲裁司法审查案件若干问题的规定》第七条、第八条、第二十条的规定，对于不予受理的裁定、因不符合受理条件而驳回申请的裁定，申请人可以上诉，也可以申请再审。据此，对于因当事人超出申请撤裁期限而不予受理或者被驳回申请的裁定，当事人均可以上诉，也可以申请再审。

申请人申请撤销仲裁裁决，人民法院受理后认为已经超过六个月期限的，应当直接裁定驳回申请，无须对当事人提出的撤裁事由进行审查。如果人民法院同时进行了审查并裁定驳回申请的，人民法院在上诉、再审审查程序中仅限于审查原裁定对超出撤裁申请期限的认定是否正确，对申请撤销仲裁裁决理由是否成立等问题不需予以审查。

咨询人：张建清/广东省高级人民法院民四庭

答疑专家：李光琴/最高人民法院民四庭

问题3：申请承认和执行外国仲裁裁决的期间，是诉讼时效还是除斥期间？人民法院是否应当主动依职权审查？当事人仅申请承认而未同时申请执行，申请执行期间是否重新起算？

答疑意见：首先，申请承认和执行外国仲裁裁决的期间，适用诉讼时效的规定。根据《民事诉讼法解释》第五百四十五条第一款的规定，当事人申请承认和执行外国仲裁裁决的期间，适用民事诉讼法第二百五十条的规定，即申请执行的期间为二年。申请执行时效的中止、中断，适用法律有关诉讼时效中止、中断的规定。

其次，人民法院不应依职权主动审查当事人是否超过申请承认和执行的期间。民法典第一百九十三条规定，人民法院不得主动适用诉讼时效的规定。《最高人民法院关于审理民事案件适用诉讼时效制度若干问题的规定》第二条规定，当事人未提出诉讼时效抗辩，人民法院不应对诉讼时效问题进行释明。因此，被申请人未以超期为由提出抗辩的，人民法院不应主动审查申请承认和执行期间是否届满。

最后，关于申请人仅申请承认而未同时申请执行，申请执行期间是否重新起算的问题。根据《民事诉讼法解释》第五百四十五条第二款的规定，申请执行的期间自人民法院对承认申请作出的裁定生效之日起重新计算。因为承认和执行外国仲裁裁决，是一个既有联系又有区别的问题，承认是执行的前提，但是承认并不一定必然伴随执行，当事人可以仅申请承认而不申请执行。如当事人先申请承认，其后又申请执行的，就会产生两个期间：一是申请承认外国仲裁裁决的期间；二是裁定承认后申请执行的期间。这两个期间应该按照诉讼时效的规定分别计算。

咨询人：陈亮/江苏省高级人民法院民四庭

答疑专家：马东旭/最高人民法院民四庭

问题 4：当事人约定争议提交“某方所在地仲裁委员会”或者“当地仲裁委员会”，其中“所在地”或“当地”的范围应如何理解？如果“所在地”或“当地”所在区（县）没有仲裁委员会，或者“所在地”或“当地”既有本地设立的仲裁委员会又有其他仲裁委员会设立的分会等分支机构，该仲裁协议是否有效？

答疑意见：关于“所在地”“当地”的理解问题。依据仲裁法第十六条、第十八条的规定，仲裁协议应当约定明确的仲裁机构，没有约定仲裁机构或约定不明确，且达不成补充协议的，仲裁协议无效。实践中，经常遇到当事人在约定仲裁协议时对仲裁机构表述不准确、约定过于简单的瑕疵仲裁协议。对此，《全国法院涉外商事海事审判工作座谈会会议纪要》第 93 条规定：“根据仲裁法司法解释第三条的规定，人民法院在审查仲裁协议是否约定了明确的仲裁机构时，应当按照有利于仲裁协议有效的原则予以认定。”因此，在判断双方约定的“所在地”“当地”仲裁委员会时，不应拘泥于所使用的文字，而应当按照有利于仲裁协议有效的原则进行解释。如结合当事人陈述以及合同的签订和履行情况等，足以明确“所在地”“当地”所指向地点的，则可以据此认定当事人约定的仲裁机构为指向地点的仲裁委员会。例如，所涉合同纠纷为建设工程承包合同纠纷，一般可以认定约定的“当地”仲裁委员会为工程所在地仲裁委员会。又如，纠纷双方住所地在同一地的，一般可以认定约定的“所在地”仲裁委员会为双方共同住所地的仲裁委员会。

关于第二个问题。根据仲裁法的规定，仲裁机构不按行政区划层层设立。因此，实践中经常出现合同约定的“所在地”或“当地”没有设立仲裁委员会。在这种情况下，一方面，应当根据尽量有利于认定仲裁协议有效的原则予以解释，如果合同约定的区、县、未设区的市的上一级市设有仲裁委员会，则可以认定双方约定的仲裁机构为该上一级市设立的仲裁委员会；如果上一级市也未设立仲裁委员会，但所在省有且仅有一个仲裁委员会，亦可以认定双方约定的仲裁机构为该省仲裁委员会，此举有利于实现当事人的仲裁意愿。另一方面，如果当事人约定的“所在地”或“当地”指向的市有两家仲裁委员会，或者当事人“所在地”或“当地”所在区、县、市的上一级市没有设立仲裁委员会，而所在省设有多家仲裁委员会，且当事人不能就选择其中一家仲裁委员会补充达成一致意见，则应当根据仲裁法第十八条的规定认定案涉仲裁协议无效。

实践中，还存在“当地”登记设立有一家仲裁委员会，但另有其他仲裁委员会在该地设立分会等分支机构的情形。当事人以该“当地”存在两家仲裁机构为由主张案涉仲裁协议无效的，考虑到仲裁委员会分会等分支机构受理案件、开展仲裁程序以及出具裁决书系以其所归属的仲裁机构的名义进行，故仲裁委员会分支机构一般不应认定为“当地”的仲裁机构。在没有其他证据足以证明当事人合意约定将争议提交某仲裁委员会分会仲裁的情况下，应当认定当事人的真实意思表示是将争议提交当地的仲裁委员会仲裁，案涉仲裁协议有效。

咨询人：黄鑫/上海市高级人民法院海事及海商审判庭

答疑专家：马晓旭/最高人民法院民四庭

新类型疑难案例选评

卢某、夏某与韩某、谭某抵押权纠纷案

李飞鸽　邓光扬　李玲玲*

【裁判要旨】

《最高人民法院关于适用〈中华人民共和国民法典〉物权编的解释（一）》[以下简称《民法典物权编解释（一）》] 第十四条规定中的"不知道"和"且无重大过失"，应当理解为"不知道且非因重大过失而不知道"。受让人受让不动产或者动产时，不知道转让人无处分权，并有重大过失的，不应当一概认定受让人为非善意；该重大过失与不知道之间没有因果关系的，仍应认定受让人为善意；反之，则应认定受让人为非善意。

【案例索引】

一审：江苏省江宁经济技术开发区人民法院（2022）苏0191民初6496号（2022年3月8日）

二审：江苏省南京市中级人民法院（2023）苏01民终7900号（2023年11月15日）

---

* 作者单位：江苏省南京市中级人民法院。

【基本案情】

原告卢某、夏某夫妻二人诉称：2018年9月，谭某以320.6万元购买卢某夫妇名下南京市某小区1004室（以下简称1004室）产权房，谭某支付50万元购房款后，1004室产权人变更为谭某。谭某即以该房作抵押向韩某借款180万元后逃匿。设定抵押时，韩某未调查1004室实际占有使用人、未核实水电费和物业费交纳情况，未尽审慎义务，不能善意取得抵押权。生效刑事裁判指出“依法解决抵押权及首付款的前提下，涉案房产应发还被害人”。故卢某夫妇诉讼请求确认谭某、韩某在1004室上设定的抵押无效。

被告韩某辩称：设定抵押之日，韩某前往1004室调查，由谭某开门迎人，发现无人居住，且有照片为证；又因谭某解释刚买房而未及时办理水电费用交纳、物业过户，遂未调查水电费和物业费交纳情况。

谭某经一审、二审法院合法传唤均未到庭，均未提供答辩意见。

法院经审理查明：

蒲某等七人分工合作，安排谭某以320.6万元购买卢某夫妇名下1004室。谭某支付50万元后，即于2018年9月7日变更该房屋产权人为谭某。当月14日，谭某以该房向韩某抵押（办理登记）借款180万元，随后逃匿。依后续生效的民事判决，谭某应归还韩某借款并支付相应利息，其妻宗某承担连带保证责任。依后续生效的刑事裁判，蒲某等六被告人（谭某未到案）应共同退赔被害人卢某夫妇经济损失；在依法解决抵押权及首付款争议的前提下，涉案房产应发还被害人。①

韩某提供照片，证明其由谭某开门迎入1004室，未发现有人居住。卢某夫妇称设定抵押时，自己仍实际占有使用1004室，韩某未调查1004室的实际占有使用人、未核实水电费和物业费交纳情况，未尽审

① 参见江苏省南京市江宁区人民法院（2018）苏0115民初19614号民事判决书、（2019）苏0115刑初1067号刑事判决书；江苏省南京市中级人民法院（2021）苏01刑终70号刑事裁定书。

慎义务。

2018 年 9 月 14 日前，1004 室无查封和异议登记、预告登记、抵押登记等权利限制和负担；谭某为唯一产权人。

刑事发破案材料显示：谭某等人向卢某夫妇谎称，2018 年 10 月 15 日前银行可将购房余款汇入卢某账户；卢某 9 月 15 日、18 日向谭某等人打电话催要房款，20 日向银行询问贷款情况后“感觉不对劲”，22 日发现房子被抵押，24 日“感觉被骗”而报警。

谭某被侦查机关列为网上追逃人员，至今仍在逃。

【审理结果】

一审法院认为：抵押权能否有效设立，需要审查抵押权人于设立抵押权时是否善意、有无过失，即有无尽到审慎注意义务。本案中，韩某在设立抵押时，本应核查案涉房产的权属、占有使用情况以及其他权利负担情况；其仅提供（上门看房的）照片打印件，不足以证明其已审慎核查上述情况，不应认定为善意。据此，一审判决确认案涉房屋上的抵押无效。

韩某不服一审判决，提起上诉。

二审法院认为：《最高人民法院关于适用〈中华人民共和国物权法〉若干问题的解释（一）》第十五条[①]第一款规定：“受让人受让不动产或者动产时，不知道转让人无处分权，且无重大过失的，应当认定受让人为善意。”其中的不知道和且无重大过失，应理解为不知道且非因重大过失而不知道。因一般过失而不知道的、限于客观条件而不知道的，均属于非因重大过失而不知道。案涉房屋设定抵押时的相关情况如下：（1）韩某查阅登记簿，未发现房屋真实权利状态与登记公示的状态不一致。（2）韩某实地看房，未发现房屋价值明显低于抵押债权。（3）当时，原产权人卢某夫妇尚且不知（设定抵押后一个多月才知

① 现为《民法典物权编解释（一）》第十四条。

道），抵押权人为韩某。（4）韩某未核查房屋实际占有使用、水电费和物业费交纳及过户等情况，可以按关联类案（后述周某案）的标准，认定其未尽审慎义务、有重大过失；但其即使审慎核查了上述漏项，走访原产权人，当时亦难知真相。因此，韩某是限于客观条件而不知道抵押人无处分权，而非因重大过失而不知道抵押人无处分权。据此，江苏省南京市中级人民法院于2023年11月26日作出二审判决：撤销一审判决，驳回卢某夫妇的诉讼请求。

［评析］

不知道且有重大过失的，不必然为非善意

在无权处分情形下，被处分的财产是返还原权利人，还是归属受让人？答案因受让人是否善意而不同。我国民法典第三百一十一条（对应物权法第一百零六条）第一款的前半句明确规定："无处分权人将不动产或者动产转让给受让人的，所有权人有权追回"，意即物权归原所有权人；后半句规定，受让人符合善意取得情形的，"受让人取得不动产或者动产的所有权"，意即物权归善意受让人。因此，认定受让人是否为善意，关乎受让人与原权利人的重大利益。

一、抵押权人是否为善意之争

关于本案抵押权人韩某在设定抵押时是否为善意，审理中出现以下两种不同意见。

（一）抵押权人未尽审慎注意义务，非善意，抵押权无效

1. 抵押权人未尽审慎注意义务

城市居民工作日上班或上学，白天通常不在家。抵押权人韩某选择该时段上门，自然难以遇见房屋占有使用人、真正权利人；若其进一步调查水电费、物业服务费交纳等情况，完全可以发现抵押房产的权属和

占有使用等情况。其选择工作日他人上班或上学时段，由谭某带入房间拍了几张照片，不能证明其善意。

2. 强制刑事受害人腾房有悖情理

卢某夫妇作为刑事被害人，“出卖”房屋后一直实际占有使用案涉房屋。如判决案涉房屋上的抵押权有效，则最终该房屋必将拍卖用以实现抵押权人的债权，难以体现人民法院善意文明的执行理念。

3. 关联案件的抵押权已被撤销

周某也是谭某团伙诈骗案的被害人。周某案中的抵押权人也是仅上门查看房屋后，未调查水电费、物业服务费交纳等情况。周某的行为被生效民事判决认为“抵押权人提交的证据仅能证明其对抵押物进行了现场勘查，不能证明其对涉案房产的实际占有和真实使用状况已尽审慎调查核实义务，不符合物权的善意取得要件”①。该案抵押权人与本案抵押权人的行为相仿，因未尽审慎调查核实义务，被南京法院的生效判决认定为非善意。本案与该案高度类似，裁判时理应以之为参照。

（二）审慎不是认定善意的标准，抵押权人为善意，抵押权有效

1. 审慎的标准因人而异

商业银行法规定，商业银行应当对抵押物的权属和价值以及实现抵押权的可行性进行严格审查。《个人贷款管理办法》规定，银行应当对抵押财产的权属、占有、使用、收益及其他权利负担状况等可能影响抵押物价值或变现能力的情况进行调查核实。调查应以实地调查为主、间接调查为辅，采取现场核实、电话查问以及信息咨询等途径和方法。②

---

① 参见江苏省南京市秦淮区人民法院（2021）苏0104民撤5号民事判决书、江苏省南京市中级人民法院（2022）苏01民终3949号民事判决书。

② 商业银行法第三十六条第一款规定：“商业银行贷款，借款人应当提供担保。商业银行应当对保证人的偿还能力，抵押物、质物的权属和价值以及实现抵押权、质权的可行性进行严格审查。”《个人贷款管理办法》第十四条、第十五条、第十六条规定，银行应当履行尽职调查职责，对抵押财产的权属、占有、使用、收益及其他权利负担状况等可能影响抵押物价值或变现能力的情况进行调查核实。调查应以实地调查为主、间接调查为辅，采取现场核实、电话查问以及信息咨询等途径和方法。

对于自然人是抵押权人（出借人）的，我国法律法规和司法解释，均未作出类似于对银行的严格要求。可见，同为抵押权人（受让人），金融机构审慎注意的标准应当高于自然人。本案抵押权人是自然人，其已核查不动产登记簿，入户查看房屋，已尽审慎注意义务；不能仅因其未调查物业费、水电费交纳情况，而被认定为未尽审慎注意义务。退而言之，房屋原产权人也不知道抵押人谭某无处分权，即使抵押权人审慎核查上述漏查事项，依然无法知道抵押人无处分权。

2. 案涉房产应纳入刑事裁判涉财产执行

刑事判决责令谭某的六名（同伙）被告人共同退赔被害人损失（而非返还原物），被害人卢某夫妇（原产权人）的损失已因刑事裁判得到救济（即使首次执行不到位，今后发现该六名同伙有可供执行财产，仍可随时恢复执行）。案涉房产虽登记在谭某名下而未登记在六名被告人名下，仍应作为退赔的财物，纳入刑事裁判涉财产部分执行。刑法第六十四条规定："犯罪分子违法所得的一切财物，应当予以追缴或者责令退赔……"依体系解释，这里的犯罪分子还包括虽未被追究刑事责任但客观层面的犯罪者；其中"一切财物"的定语是"违法所得"，即只论"违法所得"而不论占有人是谁、是否定罪、有无到案。同样，谭某虽未被生效判决责令退赔被害人损失，但刑法第六十四条规定的犯罪分子，不局限于被生效刑事裁判确定的犯罪分子。[①] 故已被生效刑事裁判认定具有犯罪行为（客观层面的犯罪行为）和事实的谭某，其名下所有财产均应用于本案刑事判决所涉财产部分的执行（违法财产，直接追缴；违禁物品，没收；合法财产，用于退赔）。

3. 关联案与本案情形不同

关联案与本案中的抵押权人所作和未作的核查内容相同，但存在以下不同：（1）关联案中的抵押发生于房产变更登记后三个月后，本案

---

① 参见刘红兵、邓光扬：《为行贿人债务作担保的受贿赃物之追缴》，载《法律适用》2018年第10期。

中的抵押则发生于房产变更登记后七天；（2）抵押房屋时，关联案原产权人周某早已发现自己被骗，本案原产权人卢某夫妇在此后一个多月才发现自己被骗；（3）关联案中的抵押权人担保公司如果审慎调查核实，是可以知道抵押人无处分权的；本案中，抵押权人即使审慎调查核实，仍难知道抵押人无处分权。

本文持前述第二种意见，并补充完善如下理由。

二、善意的认定标准不是审慎注意，而是非因重大过失而不知道

受让人主观上为善意，学理上常表述为不知情，实务中则具体要求不知道，且无重大过失。最典型的规范依据是《民法典物权编解释（一）》第十四条第一款规定："受让人受让不动产或者动产时，不知道转让人无处分权，且无重大过失的，应当认定受让人为善意。"由该司法解释可知，审慎并非善意取得语境下认定受让人主观善意的标准。审慎，在日常用语中几乎是无过失的同义语，是一种明显高于重大过失的注意标准。

重大过失的法律效果几乎等价于故意。比如，在民事领域，因重大过失而不知道，往往会被评价成应当知道，这也是民事法律规范或民事裁判中常将知道或者应当知道并列使用的缘由。在刑事领域，重大过失致人死亡极可能被评价为故意杀人，或按照故意杀人罪量刑。

对于《民法典物权编解释（一）》第十四条中的"不知道""且无重大过失"，应当根据目的解释，理解为"不知道且非因重大过失而不知道"。当受让人不知道也有重大过失时，不能一概非此即彼地认定受让人为非善意；如该重大过失与不知道没有因果关系的，仍应认定受让人为善意。如表1所示，仅知道、因重大过失不知道出让人无处分权的，才能理所当然地被评价为非善意；因一般过失而不知道、限于客观条件而不知道、无过失（已尽审慎注意义务）而不知道出让人无处分权的，均应被评价为善意。

从表1还可发现：一般过失、限于客观条件而不知道，也可与未尽审慎注意义务而不知道并存；限于客观条件而不知道，也可与有重大过失但非因重大过失而不知道并存；凡此种种的未尽审慎注意义务的不知道，均不能评价为非善意，而应评价为善意。概言之：表1的AB两大区域中，B可评价为应当知道，故B与A可一并表述为知道或因重大过失而不知道的非善意，或一并表述为知道或应当知道的非善意；CDE三大区域，可一并概括评价为不应当知道的善意，或一并表述为非因重大过失而不知道的善意。

表1　善意的认定标准

A知道（非善意）	C因一般过失而不知道（善意）
	D限于客观条件而不知道（善意）
B因重大过失而不知道（非善意）	E无过失（审慎）的不知道（善意）

三、原权利人自愿交付的赃物可适用善意取得制度

根据赃物脱离原权利人（原占有人）意愿、意志的不同，可将赃物分为自愿交付型、被动脱离型两大类。自愿交付型赃物，是指原权利人基于与无权处分人达成的合意，主动自愿向无权处分人（或其指定人）交付财物。[①]被动脱离型赃物，是指原权利人并无交付的真实意思及意愿，违背其意愿或意志而被动甚至被迫对财物失去所有或占有。

本文认为，自愿交付型赃物可适用善意取得制度，被动脱离型赃物一般不适用该制度，有以下四点理由。

（一）自愿交付型赃物可适用善意取得制度

原权利人本应审慎管控自己所有或占有的财物，但因过于自信地认

① 无处分权人虚构事实、隐瞒真相，使原权利人产生错误认识，作出自愿交付财物的意思表示。

为所得利益大于潜在风险，或因疏忽大意没有预见潜在风险，或因预见风险但心存侥幸赌其可避免，从而自愿交付财物，使得无处分权人取得享有财物的权利外观。

较之受让人，上游环节的原产权人的注意义务应当高于下游环节的受让人，前者如向后者主张权利（撤销抵押、抵押权失效，进而使财产恢复到初始权利状态），至少应当证明自己的过失明显小于后者。自愿交付型赃物主要涉及诈骗、非法集资、非法吸收公众存款、走私、贿赂类犯罪。

目前，理论界和最高司法机关虽仅认同诈骗类赃物适用善意取得，而未将此适用范围扩及自愿交付型赃物适用善意取得，但并不妨碍自愿交付型赃物可以善意取得观点的成立。因为非法集资、非法吸收公众存款类犯罪，可以通过解释，被纳入广义的诈骗犯罪范畴；因为走私、贿赂犯罪中的原权利人，“完全自愿”交付财物，并非基于错误认识交付财物，并无被骗、被迫等意思或意志不自由的因素，实践中也几乎未出现过原权利人与受让人关于赃物善意取得的争议。

（二）被动脱离型赃物者不适用善意取得制度

该种情形下的原权利人较之善意第三人，没有过失、自然不应当承担不利后果。该类赃物主要涉及盗窃、抢劫、抢夺、敲诈、职务侵占、贪污类犯罪，财物完全违背原所有权人或原占有人意愿，被犯罪分子以平和甚至暴力手段占有。因此，在原权利人、无处分权人、善意第三人之间，原权利人的利益更值得保护。

再者，民法典第三百一十二条规定，权利人有权向无处分权人请求损害赔偿，或者自知道或者应当知道受让人之日起二年内向受让人请求返还原物。通常，权利人二年内是难以知道或应当知道或找到盗抢者的。故遗失物尚且不适用善意取得制度，举轻以明重，被盗抢物更不能适用善意取得制度。

（三）多次善意受让的赃物可以被善意取得

从保障被害人权益、辅助犯罪侦查角度看，确应对赃物一追到底，但这并不以全面否定赃物善意取得为必要。刑事法律强调追缴这一侦查活动的彻底性，并不涉及追缴后的结果安排。追缴到位的赃物是返还（退赔）被害人、上缴国库、清偿民事债务，应综合刑事、民事法律关系，根据执行中公法债权、私法债权的顺位协调安排。多次转让赃物，因最后一手受让人与最初的无处分权人（犯罪分子）之间的关系已很远甚至没有，故只要最后一手受让人是因前一手出让人自愿交付而取得赃物的，即可类比自愿交付型赃物，且视为普通民事债权，适用善意取得制度。

依据《最高人民法院关于刑事裁判涉财产部分执行的若干规定》第十三条的规定，将追缴到位的赃物按下列顺序执行：（1）人身损害赔偿中的医疗费用；（2）退赔被害人的损失；（3）其他民事债务；（4）罚金；（5）没收财产。但债权人对赃物依法享有优先受偿权且其提出主张的，该债权应在列于人身损害赔偿中的医疗费用之后受偿。当然，实务中，应从受让时机、交易场合、资金能力等方面从严审查是否为善意；防止犯罪分子利用“多次受让”的规则，从事销赃或窝藏隐匿犯罪所得。

（四）域外对赃物的善意取得的认定较宽松

从学理上讲，遗失物作为占有脱离物，失主丧失占有公示外观并非出于自愿，故应得到较之于自愿放弃占有公示外观的所有权人更多的保护。

法国将被盗之物或丢失之物一体对待，虽未规定适用善意取得，但有甚于善意取得之规定。法国民法典第 2276 条第 2 款、第 2277 条第 2 款分别规定：被盗之物或他人丢失之物原权利人失去占有超过三年的不得向占有人请求返还；如被盗之物或他人丢失之物的当前占有人是在交易会、市场、公开销售或出卖相类似之物的销售处购得该物，原所有权人仅在向当前占有人支付其为取得该物而支付的价金之后，才能让占有人归还原物。日本、瑞士的规定与法国异曲同工，且在时效上作出了更有利于受让人的规定，即将上述时效三年规定为二年。瑞士民法典则将上述时效规定为五年。

瑞士民法典根据财物脱离占有是否基于原占有人之意思而作出了不同规定。瑞士民法典第722条（拾得遗失物的规定）规定，违反所有人的意思而丧失占有的物，属于2003年6月20日颁行的文物交易法第二条第一款意义上的文物者，其返还请求权，经过一年而罹于时效，自所有人知悉该文物所在地及占有人时起算，但自丧失占有时起已逾三十年者，不得请求返还。

四、不确认案涉抵押权无效，更具法律效果和社会效果

（一）从权利救济角度分析

本案原产权人未收讫房款、贷款不在银行办理，早早将房产过户给谭某，具有重大过失，且远甚于抵押权人未查水电费用交纳及物业过户的过失。原产权人被诈骗的财产损失是未足额收取的房款而非房屋，其可因刑事裁判涉财产执行挽回损失，即使一时退赔不到位，六被告人无论服刑还是刑满释放，只要有可供执行财产即可随时恢复执行。刑事判决未认定抵押权人韩某为被害人，其无法在刑事裁判涉财产执行中参与分配，只能根据生效民事判决，申请执行借款人谭某名下财产，在公安机关尚难将谭某追查到案的情形下，人民法院执行局更难找到其下落及财产。如果确认案涉抵押权无效，则将使过失较小的出借人（抵押权人）陷于救济无门之尴尬境地。

（二）从义务履行角度分析

如果案涉抵押权被确认无效，案涉房屋变相返还原物给原产权人，

六被告人也因此被变相豁免共同退赔被害人经济损失的义务；而谭某并未独享诈骗所得，却要独自承担全部抵押债务，亦显失公平。

（三）从诈骗对象角度分析

本案诈骗的行为结构是：不法分子谎称足额支付房款→原产权人产生或维持足额取得房款的认识错误→原产权人基于认识错误处分财物（房屋产权）→不法分子取得财物（房屋产权）→原产权人遭受财产性利益损失。诈骗罪中财物包括狭义的财物和财产性利益。[①] 本案不法分子的主观动机是非法占有房产对应的财产性利益，而不是非法占有使用房屋；原产权人是基于如期足额取得房款的认识错误而将房产过户。因此，本案原产权人被骗的不是房产而是未能足额收取的售房款余款270.6万元（刑事判决认定的诈骗数额）。

（四）从社会效果分析

法律平等保护国家、集体、私人的财产，但不免除财产权利人谨慎管理保护自己合法财产的义务。据此，当原权利人与受让人受到财产损失时，让具有更大过失的原权利人承担比受让人更大的不利后果，更利于督促财产权利人审慎保管自己财产和指引社会公众自觉戒贪防骗止损。

① 参见张明楷：《诈骗犯罪论》，法律出版社2021年版，第34页。

《民事法律文件解读》2024年总目录

法律、法律性文件与解读

行政法规、法规性文件与解读

司法解释、司法指导性文件与解读

部门规章、规章性文件与解读

地方法规、地方规章与解读

地方司法业务文件与解读

指导案例、典型案例与解读

法答网精选答问

司法实务问题研究

新类型疑难案例选评

最新立法司法动态

民法典侵权责任编司法解释相关法律文件专辑

最新法律文件解读丛书

稿　约

最新法律文件解读丛书是一套以为最新法律规范提供同步“解读”为主的系列丛书，分为刑事、民事、商事、行政与执行4个分册，按月出版。

本丛书以“解读”为重点，突出全、专、新、快、准等特点，通过对最新出台的法律、法规、司法解释、部门规章以及重要地方性法规进行同步动态解读，弥补了法律、法规、司法解释汇编类出版物没有同步阐释、解读内容的不足，为广大读者学习理解最新法律规范，正确贯彻执行法律文件，及时解决实践中的新情况、新问题，提供一个全方位、多层面的法律信息平台。

欢迎您向以下栏目赐稿：

【最新法律文件解读】主要是对最新颁行的法律文件进行解读，帮助司法和执法人员正确理解法律文件的立法背景、意义、重点内容、在适用中应注意的问题、与相关法律文件的衔接与互动关系等。

【司法实务问题研究】主要刊登对司法理论、实务及司法管理工作中的热点、疑难问题进行研究及评论的文章。

【新类型疑难案例选评】主要是对司法和行政执法实践中具有典型性和代表性的疑难案例，结合具体案情以及审理或处理结果进行简练精辟的点评，解析认识问题的方法、处理问题的法律依据和在个案中的具体适用。

【法学前沿与新视点】以摘要的形式刊登相关法学理论研究的最新动态及具有代表性和典型性的前沿问题，扩展法学研究的深度和广度。

【法律适用问题解答】主要针对司法和行政执法实践中面临的新问题、热点问题、疑难问题进行简要的解答，指出涉及的法律关系，明确法律适用依据。

稿件一经刊用即付稿酬，稿酬从优。

《刑事法律文件解读》　周　敏　邮箱：xingshijiedu@163.com

《民事法律文件解读》　杨　洁　邮箱：1216921515@qq.com

《商事法律文件解读》　路建华　邮箱：shangshijiedu@126.com

《行政与执行法律文件解读》　丁塞峨　邮箱：1290312696@qq.com

人民法院出版社

最新法律文件解读丛书编辑部